DE LA
RESPONSABILITÉ

PARTIELLE OU ATTÉNUÉE
EN MATIÈRE PÉNALE

THÈSE POUR LE DOCTORAT

L'ACTE PUBLIC SUR LES MATIÈRES CI-APRÈS

Sera soutenu le 1ᵉʳ juin 1898, à 2 h. 1\|2

PAR

Louis MORICARD

AVOCAT A LA COUR D'APPEL

Président : M. BEAUREGARD

Suffragants : { MM. PLANIOL, *professeur.*

SALEILLES, *agrégé.*

PARIS

LIBRAIRIE NOUVELLE DE DROIT ET DE JURISPRUDENCE

ARTHUR ROUSSEAU, ÉDITEUR

14, RUE SOUFFLOT ET RUE TOULLIER, 13

1898

THÈSE

POUR LE DOCTORAT

DE LA
RESPONSABILITÉ
PARTIELLE OU ATTÉNUÉE
EN MATIÈRE PÉNALE

THÈSE POUR LE DOCTORAT

L'ACTE PUBLIC SUR LES MATIÈRES CI-APRÈS

Sera soutenu le 1er juin 1898, à 2 h. 1/2

PAR

Louis MORICARD

AVOCAT A LA COUR D'APPEL

Président : M. BEAUREGARD

Suffragants : { MM. PLANIOL, *professeur.*
{ SALEILLES, *agrégé.*

PARIS

LIBRAIRIE NOUVELLE DE DROIT ET DE JURISPRUDENCE

ARTHUR ROUSSEAU, ÉDITEUR

14, RUE SOUFFLOT ET RUE TOULLIER, 13

1898

A LA MÉMOIRE DE MON PÈRE

A MA MÈRE

RESPONSABILITÉ PARTIELLE
OU ATTÉNUÉE
EN MATIÈRE PÉNALE

INTRODUCTION

« Il existe, dit Maudsley, entre la sanité d'esprit et l'insanité, une sorte de terrain neutre, une zône mitoyenne ; » et plus loin, cet auteur ajoute : « la majorité des hommes ne comprend ni des individus absolument fous, ni des individus absolument sains d'esprit, elle est formée par la zône intermédiaire. »

Entre ces deux états des facultés intellectuelles, sanité et aberration, il se trouverait donc un état mixte qui ne rentrerait ni dans l'un ni dans l'autre. Cette conception est toute contemporaine ; elle est la résultante des découvertes et des connaissances plus approfondies des maladies mentales, peu connues et peu étudiées avant le cours de ce siècle.

On ne connaissait pas autrefois le demi-fou, marchant sur les frontières de la folie, et ne manifestant pas le trouble absolu d'esprit que l'on rencontre seulement chez l'aliéné complet ; un semblable individu était taxé de bizarrerie et d'originalité, mais un abîme le séparait de la folie : « Le fou idéal que créait la loi, était supposé agir sans motif ou par un motif qui n'entrait pas dans l'esprit d'un homme sensé de concevoir. Si donc, un individu manifestement fou pour tout le monde, commettait un crime sous l'impulsion d'un motif naturel, il était, par cela même, présumé avoir agi avec pleine conscience et entière responsabilité. Il ne pouvait se commettre d'erreur plus grande. » On ne voyait aucun cas de folie là où le délire était à peine sensible ; l'homme était rangé dans la catégorie des fous, quand, exceptionnellement, il était dépourvu de toute raison. La folie ainsi limitée à ce dernier état, n'était pas une chose complexe ; la constatation en était accessible à tous, le bon sens suffisait.

Ces idées sur l'aliénation provenaient de l'erreur suivante : on croyait que la folie et la santé psychique étaient faciles à préciser, et il s'en suivait la division des deux états extrêmes, sanité et insanité d'esprit.

La science moderne a relié ces deux états par un troisième, la demi-folie ; elle a constaté qu'entre l'homme sain d'esprit et le fou il y avait une gradation de nuances continue et indéterminée ; on ne passait pas brusquement, sans transition, d'un état à l'autre ; *natura non facit saltus* ; le chemin de la folie se divisait en une série d'étapes successives. Tous, juristes, médecins, savants, admettent aujourd'hui des gradations, des degrés. Il y a des demi-fous, des demi-responsables, et certes, il n'est pas difficile de concevoir, que depuis l'homme le plus élevé en intelligence et en moralité, jusqu'à l'être absolument dénué de raison et de sens moral, la volonté et l'intelligence humaines présentent une longue suite d'états variés.

Que la part de raison et la part d'insanité soient difficilement appréciables pour le juge et pour le médecin, nous n'en doutons pas. Il n'y a pas de ligne nette et sûre tracée sur les limites de la folie et de la raison.

Où finit la raison ? où commence la folie ? Une ligne de démarcation ne pourra jamais être établie.

Qu'importe qu'il n'y ait point de critérium certain permettant de reconnaitre sans hésitation le fou de celui qui ne l'est pas, et que la constatation d'un esprit déséquilibré soit le résultat d'un long et laborieux examen !

La demi-folie, la demi-normalité intellectuelle et morale n'en existent pas moins ; tous les jours, elles sont affirmées par des expertises judiciaires, et les tribunaux, en présence de ces personnes à moitié saines d'esprit et malades à la fois, dont la responsabilité est certainement atténnuée, sont souvent mis dans le plus grand embarras.

Ce sont ces états de responsabilité limitée que nous avons l'intention d'étudier dans ce travail. Après avoir essayé, au point de vue pathologique, de les énumérer, nous nous demanderons l'influence qu'ils peuvent exercer en droit pénal ; philosophiquement, au point de vue du fondement de la pénalité, quelle sera la conception de la responsabilité partielle ? et juridiquement, comment la conception admise doit-elle se manifester dans la répression ?

Nous diviserons donc cette étude en trois cha-
pitres.

Chapitre I. *Point de vue pathologique.*
Chapitre II. *Point de vue philosophique.*
Chapitre III. *Point de vue juridique.*

CHAPITRE I.

Signalons dans les grandes lignes, les différents états morbides susceptibles de provoquer une diminution de responsabilité, et d'entraver plus ou moins chez l'agent, sa liberté d'action. Nous n'en donnerons pas une classification ; Morel en France, Skae et Maudsley en Angleterre, ont tenté différentes classifications, sans rallier tous les suffrages. Nous nous contenterons d'énumérer les principaux états rangés par groupes scientifiquement acceptés.

Les maladies mentales n'ont pas été inconnues de l'antiquité. S'il faut en croire Maudsley, le traitement des fous était singulièrement éclairé et humain chez les Egyptiens Quant aux Grecs, à côté des conceptions fabuleuses qui hantaient l'esprit du vulgaire, qui faisaient considérer la folie comme un mal sacré, œuvre du Destin et de la Fatalité, ils avaient eu avec Hippocrate, des idées à peu près exactes de l'aliénation mentale. Le premier, il soutint que la folie ne venait pas de la Divinité, que toute maladie a une cause naturelle, qu'elle résidait dans le cerveau. Il connaissait le délire, la frénésie, la mélancolie, en décrivit les causes et les symptômes. Ses traitements consistaient en purgations d'ellébore ; s'ils étaient insuffisants, ils avaient le mérite de n'être pas barbares.

Arétée de Cappadoce, l'an 80 après Jésus-Christ, étudia l'épilepsie, la mélancolie et ses accès subits de violence.

Chez les Romains, Lucrèce, dans son *De Natura rerum*, a tracé de l'épileptique un remarquable portrait. Galien, sous Marc-Aurèle, reprit et compléta les travaux de ses devanciers, et, pendant longtemps, ses doctrines régnèrent indiscutées.

Avec le Moyen-Age et son mysticisme sombre, les troubles cérébraux ont une origine surnaturelle ; on revient à la première conception antique, seulement la Divinité est remplacée par Satan. Une théorie rationnelle de la folie ne pouvait pas trouver place dans un tel milieu de pensées et de sentiments ; l'état du fou n'était pas une maladie, il était attribué à la possession du diable ou d'un autre malin esprit. Victime de l'ignorance et de la superstition, le fou était traité comme le démon lui-même; tantôt il était mis à mort comme hérétique, blasphémateur, sorcier ou criminel, tantôt il était enfermé dans un cachot et y mourait enchaîné. Maudsley cite un curieux procès où un jésuite, devenu fou, fut envoyé au bûcher, pour s'être prétendu pape, roi, rédempteur, et nouveau législateur.

Vers la fin du XVIme siècle, les fous sont encore aussi cruellement traités. Nicolas Remi, conseiller du Duc de Lorraine, n'a, vis-à-vis d'eux, aucune indulgence. « Tant d'impiétés, dit-il, de maléfices, de monstrueuses passions, ne peuvent être justement punis, que si l'on emploie tous les tourments d'abord et le bûcher ensuite. » Boguet, juge au Comté de Bourgogne, se montre d'une excessive sévérité même à l'égard des enfants aliénés: « Non seulement, il faut faire mourir l'enfant sorcier, qui est en âge de puberté, mais encore celui qui est au bas, si on reconnaît qu'il y ait de la malice en lui ». Pinel apporta enfin à ces malheureux les bienfaits de la science, et, déclare le Docteur Trélat, l'importance accordée par lui au traitement moral des aliénés, et la part qu'il a prise à l'abolition des violences dont ils étaient l'objet, lui valent la reconnaissance de la postérité.

Lors de la discussion du Code pénal, les idées en

matière d'aliénation, sont devenues scientifiques, et l'article 64 décrète l'irresponsabilité en faveur de l'inculpé en état de démence. Une controverse s'est élevée sur le sens que les rédacteurs du Code avaient entendu donner au mot démence. Avaient-ils voulu, comme on le fait aujourd'hui, comprendre sous une formule générale, tous les cas possibles des maladies mentales? On peut affirmer que non ; l'article 64 du Code pénal n'avait pas, dans la pensée de ses rédacteurs, un sens plus étendu que l'article 489 du Code civil, mentionnant à propos de l'interdiction judiciaire, l'imbécillité, la démence ou la fureur ; il visait les individus privés de l'intelligence par la maladie, les idiots, les maniaques et les stupides. C'est que le champ de la folie était encore très restreint ; les limites en furent agrandies par les découvertes médicales. Il fallut généraliser le mot démence, le considérer dans son acception la plus large, et faire rentrer dans ce terme, toute espèce de lésions des facultés intellectuelles, toutes les altérations mentales, manie, monomanie, folie morale, tous les cas de la folie partielle.

Esquirol, puis Georget, découvrirent et firent reconnaître une nouvelle classe de fous, les monomanes. Le monomane est l'individu dont le délire est limité à une ou plusieurs idées, et dont l'intelli-

gence à tout autre égard semble normale. La monomanie peut frapper la volonté aussi bien que
l'intelligence, et nombreux sont les demi-responsables qui en sont affectés. Pour ne citer que les
principales affections pathologiques, nous y trouvons la kleptomanie, ou manie du vol, la pyroma-
nie, manie incendiaire, la dipsomanie, besoin impé-
rieux et irrésistible de boire de l'alcool, l'impulsion
à l'homicide, au suicide.

Cette dernière impulsion fut longtemps méconnue. Il était en effet difficile d'admettre
qu'un homme, sans désordre apparent de l'intelligence, sans délirer, pût être fou, et conduit en dépit de sa raison et malgré sa
volonté, à un acte de suicide ou d'homicide.
On ne soupçonnait pas qu'un état morbide
aussi violent que subit, put s'emparer despo-
iquement du sujet et le mener à commettre
une action dont il avait toujours eu horreur.

Deux théories médicales se sont élevées con-
radictoirement au sujet de la responsabilité de
ces monomanes. L'une prétend que le malade
conserve son intelligence saine, excepté en ce
qui concerne l'idée délirante, qui se trouve
en quelque sorte comme greffée, implantée dans
un cerveau sain. Sous tous les autres rapports,
esprit a son libre essor, il paraît, il est

réellement sain (Casper). « La folie partielle ou folie concentrée sur un point unique, appelée monomomie, n'affranchit pas, en général, de la responsabilité pénale, elle n'en est une cause d'affranchisement, qu'autant que l'idée fixe dans laquelle elle consiste, a été la cause unique de l'action (Bertauld) ».

D'après cette théorie, le monomane qui commet un crime ou un délit, n'ayant pas de rapport direct avec l'idée délirante, doit être déclaré coupable. Le docteur Falret n'admit pas ces assertions ; il proclama la solidarité des facultés de l'esprit, et déclara qu'elles étaient plus ou moins affectées par l'existence de l'idée délirante. « Peut-on considérer, dit-il, les aliénés comme particulièrement responsables de certains actes étrangers à la sphère de leur délire, et les condamner pour ces actes tout en les absolvant pour d'autres actes qui sont liés plus intimement à leur état maladif? » Legrand du Saulle, après avoir nié la solidarité des facultés intellectuelles, revint sur sa détermination. Il rejeta le principe du développement de l'idée délirante au milieu d'une intelligence saine, et admit que l'existence d'une seule idée délirante devait faire sentir son influence sur toutes les pensées et sur tous les actes du malade, de même que la rupture d'une seule pièce d'une machine jetait le trouble dans le fonctionnement de tout le mécanisme.

L'idée délirante ne restait pas unique, isolée ; elle se détachait sur un fond généralement et primitivement altéré.

C'est ce système qui, à l'heure actuelle, paraît prévaloir ; l'intelligence entière du monomane est considérée comme affectée d'un état maladif général.

Contrairement à la précédente théorie, l'acte délictueux accompli par le monomane, ne dépendrait-il en aucune manière de l'idée délirante, qu'une responsabilité atténuée serait reconnue à son auteur.

Après la monomanie, la science apporta une nouvelle catégorie de demi-normaux ; les individus atteints d'insanité morale. Cette sorte d'aliénation consiste dans la perversité des sentiments, des mœurs, de la conduite, dans la manière anormale de sentir et d'agir. Le malade est imbu d'une sorte d'égoïsme étroit ; on remarque chez lui une absence complète de sens moral. Il satisfait tous ses désirs, bons ou mauvais, sans aucune résistance ; il n'a pas de volonté ; il se livre presque inconsciemment à des actes immoraux ou dange-

reux, sans honte ni remords ; il vit en complet
désaccord avec son milieu ; il ne discerne pas
cette chose abstraite que l'on appelle le bien et
le mal, souvent même, il n'en a aucune notion.
L'intelligence ne lui fait pas défaut, elle peut
même être très vive, et Maudsley va jusqu'à pré-
tendre que l'humanité doit beaucoup à l'initiative,
au talent spécial, au génie d'individus descendant
de familles où existait une certaine prédestina-
tion à la folie. Cette inconséquence bizarre, ce
défaut absolu de moralité, uni à une intelligence
moyenne, devaient paraître suspects à une magistrature prudente et peu soucieuse de renverser
les principes établis.

La lutte fut très vive pour l'admission de ces
fous moraux, et ce passage d'un violent réquisi-
toire d'un avocat général nous permettra d'en
juger : « Comment expliquer, en dehors de l'école
expérimentale anglaise et de l'école positiviste
française, la thèse qui semble vouloir se répan-
dre de la folie morale ? Ce n'est plus l'intelligence
qui est pervertie, ou abolie, c'est la conscience
qui est seule atteinte. Celui-là même, sans que ses
facultés intellectuelles soient altérées, est un malade à qui doivent s'ouvrir les portes de l'asile
au lieu de celles de la prison, et qui devra être
rangé dans une catégorie particulière, appelée

par une singulière association de mots, les aliénés criminels. Théorie étrange que la psychologie
spiritualiste ne cessera de combattre; théorie
effrayante, qui réserve l'irresponsabilité aux auteurs précisément des attentats les plus atroces
et qui trouve l'excuse du crime, dans les excès
mêmes du crime. (1) »

Les choses ont bien changé, cette perversité
morale excessive est une maladie, et les médecins la rattachent à une cause pathologique provenant de l'hérédité, de fièvres, ou de lésions de
l'encéphale. Ils ne considèrent pas les mauvais
instincts comme étant les seuls facteurs d'actes
punis par la loi, ils les considèrent, au contraire,
comme un effet direct d'un état morbide. Nous
arrivons au groupe des dégénérés héréditaires,
dont la responsabilité a subi certaines altérations.
Ce sont d'abord les hystériques.

L'appréciation du docteur Legrand du Saulle,
est que chez la plupart d'entre eux, la liberté
n'est pas morte, mais malade : « Il n'y a pas
irresponsabilité absolue, mais la responsabilité
est assez atténuée pour entraîner le bénéfice des
circonstances atténuantes. »

Puis viennent les épileptiques : « C'est une

----

(1) Labroquère.

grosse question, dit Maudsley, que de décider dans quelle mesure l'épilepsie affecte la responsabilité : l'existence de l'épilepsie peut échapper à l'œil des médecins eux-mêmes. »

« C'est l'épilepsie que l'on méconnait le plus souvent » ajoute le docteur Trousseau, car le prévenu paraît posséder la liberté morale, ou tout au moins la posséder à un degré suffisant pour que l'acte ait été conscient. La difficulté d'examen est encore accrue, quand l'impulsion de l'épilepsie ne dure que l'instant d'accomplir l'acte criminel. La responsabilité des épileptiques avait déjà été mise en doute au XVIIe siècle par Zacchias; il voulait que l'épileptique, pendant les trois jours précédant l'accès, fut déclaré irresponsable. Citons l'alcoolique, dont l'intelligence et la volonté, en dehors des épisodes aigus qui conduisent au crime, sont modifiées par les lésions plus ou moins profondes de son état mental.

« Dans ce cas, écrit le docteur Roussel, le libre arbitre ne s'altère pas seulement pendant un court moment, comme dans l'ivresse, mais il s'altère d'une manière continue et progressive, en sorte que l'homme vicieux et punissable disparaît bientôt pour ainsi dire, sous le malade, comme l'homme raisonnable disparaît sous l'aliéné,.. Le buveur habituel d'alcool, dès qu'il est arrivé à un degré d'alcoolisme appréciable pour le médecin, est surtout un malheureux ».

Le docteur Bergeron estime que l'alcooliqne chronique a perdu le sentiment de sa liberté pour le bien comme pour le mal, et par conséquent le sentiment de sa responsabilité.

On constate aussi chez les morphinomanes, les cocaïnomanes, les éthéromanes, etc., une déchéance intellectuelle et morale, provoquée par l'abus du poison. Parmi les dégénérés héréditaires, il y a lieu de placer les sourds-muets. Malgré une éducation de plus en plus perfectionnée, ils n'arrivent jamais qu'à un développement bien imparfait de leurs facultés. Êtres incomplets et défectueux, comment, dans ces conditions, parler de leur entière responsabilité ? Les Codes modernes les assimilent au mineur ; le nouveau Code italien déclare jusqu'à quatorze ans le sourd-muet irresponsable. Le Code pénal de Sardaigne veut que la question de discernement soit posée.

Que dire de l'hypnotisme ? Deux théories sont en présence : suivant l'école de la Salpêtrière, c'est un véritable état pathologique qui confine de très près à la névrose hystérique, il ne se produit que chez les névropathes, chez les hystériques. L'école de Nancy voit dans l'état hypnotique, un sommeil et non une névrose, susceptible d'être produit chez

des individus parfaitement sains. Le docteur Liégeois, de Nancy, n'est pas rassurant avec ses théories ; il prétend qu'à l'état de veille, une suggestion hypnotique peut produire l'idée d'un meurtre.

Sans que la personne s'en aperçoive, on peut lui suggérer une idée criminelle, peu importe l'endroit, que ce soit dans un salon, un théâtre, dans un compartiment de chemin de fer. L'exécution du crime peut même être reportée à plusieurs heures, à plusieurs jours, à plusieurs mois. Le patient ignore la pensée suggérée, qui ne doit éclater, comme une torpille, qu'au moment précis ; le terme échu, l'agent ne peut opposer aucune réaction ; il est inexorablement poussé à commettre l'action suggérée. Le docteur Bernheim, autre représentant de l'école de Nancy, émet des idées analogues au docteur Liégeois : « Les plus grands criminels, dit-il, ne sont pas toujours les plus coupables. Troppman n'était peut-être que la victime d'une auto-suggestion ». Charcot, Gilles de la Tourette, Brouardel, et beaucoup d'autres savants de l'école de la Salpêtrière, nient cette toute puissance de la suggestion.

« Le somnambule hypnotique n'est pas un pur automate, une simple machine ; il possède une personnalité réduite, il est vrai, dans ses termes généraux, mais qui, dans certains cas, persiste et s'affirme nettement par la résistance aux idées suggérées. » (Brouardel).

Dans l'affaire Gouffé, les docteurs Liégeois et Bernheim invoquèrent la suggestion en faveur de Gabrielle Bompard. Ces débats retentissants sont encore présents dans toutes les mémoires ; mais les experts, Messieurs Brouardel, Mottet et Ballet rejetèrent cette excuse.

On a aussi été amené à reconnaître une responsabilité atténuée dans le crime ou le délit commis par un fou pendant un intervalle lucide. Les criminalistes, toutefois. qui ne préconisent pas l'irresponsabilité, conseillent la plus grande modération. Ecoutons M. Carrara. « Si on maintient le principe de la responsabilité, même dans le cas d'acte commis dans un intervalle lucide, il est juste du moins d'accorder une diminution d'imputation, et cela, tant par un motif d'humanité, que par la raison que l'irrégularité des forces intellectuelles laisse toujours le soupçon que l'infirmité a exercé une influence sur la détermination criminelle.

MM. Chauveau et Hélie concluent à l'irresponsabilité ; ils arguent de la difficulté de constater la lucidité d'un intervalle dans une maladie mentale. Quel juge oserait affirmer que cette intelligence, tout à l'heure éteinte, a repris subitement toutes ses clartés ?

Le Docteur Legrand du Saulle met ce malade à l'abri d'une condamnation correctionnelle.

Par ce tableau encore incomplet que nous venons de tracer, le champ de l'irresponsabilité s'est singulièrement agrandi en ce siècle, et l'on peut dire avec M. Tarde, que son extension incessante est la caractéristique de la science pénale contemporaine. Certes, nous sommes loin de l'époque où un juge, en ce qui concerne les rapports de la loi pénale et de la folie, déclarait qu'un homme devait être totalement privé d'intelligence et de mémoire, pour échapper à la sanction de la loi ; quand bien même il y aurait eu, dans ses actes, quelque chose d'inexplicable, c'était encore insuffisant, son état ne devait pas dépasser le niveau de la brute.

D'immenses progrès scientifiques ont été accomplis ; les nouvelles théories médico-légales sont venues modifier les sanctions des magistrats.

La responsabilité atténuée est tout à fait à l'ordre du jour ; constamment invoquée, elle finira par envahir les tribunaux. Et, devant le flot toujours grossissant de ces malades, on a presque le droit de se demander ce que deviendront la justice et la pénalité.

CHAPITRE II

Indifférente à cette conséquence, la science a constaté des états anormaux, les a classés à part et les a fait admettre.

Quelle sera maintenant la situation de ces individus, tenant le milieu entre la normalité et l'anormalité, compris dans la zône mitoyenne, s'ils viennent à commettre un acte prévu et puni par le Code pénal ?

S'ils étaient complètement sains, le juge n'aurait qu'à appliquer la peine légale, variant entre le maximum et le minimum, avec la faculté d'accorder des circonstances atténuantes.

S'ils étaient complètement anormaux, déments, en vertu de l'article 64, ils seraient acquittés.

Qu'allons-nous décider ? Le problème ne semble pas difficile à résoudre en faisant appel au bon sens. Atteints d'une affection pathologique, les demi-responsables ne peuvent être condamnés comme des coupables normaux ; n'étant pas fous, ils méritent cependant une condamnation. Voilà ce que commande la raison. Il y a en somme un traitement mixte à adopter.

Mais, toutes les difficultés apparaissent, quand on veut justifier philosophiquement, au point de vue des principes fondamentaux du droit de punir, cette solution qui, pratiquement, est indiscutable. Alors, entrent en jeu toutes les querelles d'école, toutes les conceptions diverses du principe pénal, tout le problème insoluble, au fond, de la responsabilité.

Les doctrines émises sur la responsabilité humaine, ont entre elles des différences profondes ; certaines sont contradictoires ; l'une nie ce que l'autre admet. Comme elles exercent un contre-coup sur la pénalité, nous sommes conduits à examiner si elles peuvent admettre la solution mixte indiquée par le bon sens.

Dans certaines théories philosophiques, cette solution ne nous paraît pas justifiable, et les états anormaux que nous avons signalés, ne produisent aucun effet, nous semble-t-il, sur les principes admis en matière de responsabilité. Nous voulons parler des deux grandes conceptions adverses, marquant les débuts et la fin du Droit pénal : la doctrine du libre arbitre et la doctrine de Lombroso.

Le principe de la liberté a une lointaine origine : Aristote le premier, le proclama dans sa morale à Nicomaque: « La vertu dépend de nous et le vice aussi ; si nous sommes maîtres de faire ce qui est bien, nous le sommes aussi de ne pas faire ce qui est mal. Or, si nous sommes maîtres de faire les bonnes actions aussi bien que les mauvaises, c'est-à-dire d'être bons ou méchants, il dépendra donc de nous d'être vils ou estimables. »

Philosophes, juriconsultes, écrivains de l'antiquité, furent les adeptes de la liberté. Le droit romain était basé sur cette théorie, et de nos jours, en sont imbues les législations de tous les peuples civilisés.

Deux systèmes philosophiques, le libre arbitre d'indifférence et la théorie de la liberté morale, ont conçu différemment le principe de la liberté humaine.

Dans le libre arbitre d'indifférence, première conception abandonnée depuis longtemps, l'homme est responsable parce qu'il est libre, parce qu'il avait le pouvoir d'agir autrement qu'il n'a fait. Chaque acte de volition relève d'une cause souveraine, indépendante, qui choisit.

Il n'y a évidemment dans ce système, pas de place pour la responsabilité limitée ; une demi-liberté et une demi-responsabilité concordante sont inadmissibles.

En est-il de même dans la théorie de la liberté morale ? Sans doute, nous ne trouvons pas de cause souveraine ; la volonté n'est pas indépendante, n'est pas à elle-même sa propre causalité ; elle est déterminée par des causes qui influent sur elle, par le tempérament moral ; mais c'est à lui-même que l'homme libre doit attribuer le développement de son tempérament moral ; ayant eu la liberté de le diriger comme il l'entendait, il a voulu son tempérament tel qu'il est ; il est donc responsable de l'orientation donnée et de l'acte conforme à cette orientation.

Or, le fou seul n'est pas libre. Cette volonté libre disparaît chez le dément ; les rapports de causalité sont rompus ; les réactions psychologiques ne se produisent plus ; les actes sont irraisonnés ; absence complète de responsabilité. L'aliéné doit être renvoyé acquitté ; il est en dehors de la loi ; aucune sanction pénale ne lui est applicable ; on ne saurait, du reste, la justifier, puisque le mérite et le démérite qui engendrent la responsabilité de l'homme libre, n'existent pas chez l'homme privé de raison.

Nous ne voyons pas qu'il soit possible de faire rentrer une responsabilité limitée dans une théorie basant la responsabilité sur la liberté morale. La liberté existe ou n'existe pas, dit la doctrine classique de la liberté morale ; il n'y a donc pas de demi-liberté. C'est un choix que fait l'individu librement ; on ne conçoit pas qu'une force intérieure quelconque puisse restreindre cette liberté !

Les différents états pathologiques cités plus haut, n'ont en conséquence, aucune influence sur la responsabilité. Il n'y a pas de milieu : ou un état pathologique supprime la liberté, ou il la laisse entièrement subsister.

On peut formuler les même objections contre l'école qui donne au droit de punir une double assise : l'utilité sociale et la responsabilité. L'acte doit être nuisible et immoral. L'immoralité appelle l'idée de liberté, et, si cette dernière est admise comme notion absolue, nous retombons, malgré l'idée d'utilité sociale, dans les solutions de la doctrine classique.

Le bons sens protestait ; faisant table rase des subtilités philosophiques, il établissait entre le dégénéré et l'homme normal, une distinction méconnue dans la conception classique de la responsabilité. Il trouvait injuste de mettre ces deux hommes sur le même rang, en présence de la loi pénale. Comme le critérium de la responsablité ne changeait pas, un seul remède s'offrait pour soustraire le dégénéré à une pénalité trop sévère : celui de le considérer comme un fou et de le faire ainsi bénéficier de l'article 64.

Il y eut une tendance manifeste à augmenter de plus en plus la catégorie des irresponsables.

La philosophie pénale ne distinguait que deux états : responsabilité et irresponsabilité ; sous l'empire de ces idées, l'admission de la responsabilité partielle était à peu près impossible. Deux hypothèses pouvaient se présenter.

Ou bien, un individu à la fois normal et anormal, sous l'influence d'une idée délirante, commet des actes criminels ; il est évidemment irresponsable. Mais quelle décision prendre pour les autres actes qui ne se rattachent pas à l'idée délirante ?

On peut déclarer l'agent complètement responsable, ou lui reconnaître une responsabilité limitée, qui serait, à proprement parler, la responsabilité partielle.

Ou bien, il s'agit d'un dégénéré, d'un débile intellectuel, dont l'incapacité congénitale ou acquise, affecte tout l'organisme moral ! Cet individu à responsabilité atténuée, au sens précis du mot, doit, dans la théorie de la liberté, rester responsable ; il n'y a pas, dans son état d'esprit, trouble absolu.

Le responsable partiel de notre première hypothèse, fut assimilé au fou. Une partie malade, disait la médecine mentale, réagit sur la totalité du cerveau ; une idée délirante a une action générale sur les facultés intellectuelles.

M. le Docteur Falret s'est fait l'apôtre de cette théorie ; dans un article sensationnel, il a soutenu que la responsabilité était indivisible, qu'il n'y avait pas de zône intermédiaire entre la responsabilité complète et l'irresponsabilité absolue, et qu'il était impossible d'apprécier le degré de responsabilité de l'individu.

« Comment limiter exactement la sphère dans laquelle s'exerce le délire ? qui pourrait peser, mesurer le degré d'impulsion qui a entraîné le malade à l'action, et le degré de résistance qu'il a pu y opposer ? Qui a la prétention de posséder un phrénomètre, c'est-à-dire un instrument assez précis, assez rigoureux, pour calculer avec exactitude, dans ce mécanisme compliqué des facultés intellectuelles, morales et instinctives, la puissance des forces d'impulsion, et le contre-poids exercé par les forces de résistance, et pour indiquer avec vérité de quel côté se trouve la résultante de toutes ces forces combinées agissant simultanément, c'est-à-dire l'acte accompli. Cette mensuration exacte des forces psychiques et de leurs résultats, est tout simplement impossible. Ceux qui tentent de la réaliser, médecins ou magistrats, livrent sa solution au hasard et à l'arbitraire des appréciations individuelles, variables selon les moments et selon les circonstances ».

Pour le docteur Falret, quel que soit donc le degré de la maladie qui influe sur le libre arbitre, il y a plus qu'une responsabilité atténuée, il y a complète irresponsabilité.

On restait toujours dans la théorie classique de la liberté, et, il était bien difficile de déclarer complètement irresponsables, les anormaux débiles de notre deuxième hypothèse.

Il aurait fallu dire que dans les deux hypothèses. il y avait diminution de liberté, diminution de responsabilité, un traitement mixte à adopter. On ne se fixa pas là et on en vint à soutenir l'irresponsabilité de la première catégorie Il fallait faire un pas de plus, admettre, puisqu'on était dans cette voie, l'irresponsabilité des débiles anormaux, et décider que tous les malades, et par voie de conséquence, tous ceux qui subiraient une impulsion morale à laquelle il leur serait difficile de résister, seraient irresponsables.

Ce fut l'œuvre de l'école déterministe anthropologique, dont le fondateur fut Lombroso. Faisons de cette doctrine une analyse succincte. Tout acte est déterminé par des causes : celles-ci par d'autres, etc. C'est le déterminisme absolu. Tous ceux qui agissent, agissent forcément, nécessairement ; le crime est un produit nécessaire, fatal du tempérament de l'individu, de son caractère formé lui-même par des influences héréditaires et sociales inéluctables.

Le criminel, suivant Lombroso, naît criminel ; il ne le devient pas. C'est un type spécial, tant au physique qu'au moral, un être à part qui ne ressemble pas aux autres hommes. C'est un fou moral, égaré au milieu de la civilisation moderne. On le reconnaît à des signes extérieurs ; à la mâchoire lourde, au front fuyant, à la barbe rare, à l'ambidextrisme, aux oreilles en anse, à la longueur des bras, à l'insensibilité tactile. Il existe en un mot un rapport entre l'aspect physique de l'homme et son état intellectuel et moral.

A l'appui de sa théorie, Lombroso cite des proverbes, depuis longtemps, dit-il, accrédités chez les peuples.

Défie-toi de l'homme glabre, dit l'arabe. Méfie-toi de la femme à la voix d'homme. Visage farouche, mœurs cruelles ; homme de peu de barbe, homme de peu de foi, etc.

Tout n'est pas faux, dans la doctrine italienne, et c'est là ce qui explique le rapide succès qu'elle a obtenu.

Le crime et l'acte de l'aliéné sont tous deux des actes violents, nuisibles à la société, mais conséquence mécanique du tempérament, du caractère. Fous et criminels sont identiques, tous deux sont irresponsables. Il est inutile de chercher à dégager dans la doctrine déterministe, des états mixtes, confinés sur les frontières de la responsabilité et de l'irresponsabilité. L'irresponsabilité est la loi commune. Une réaction sociale est néanmoins indispensable. Concevant toute nature criminelle comme incorrigible, Lombroso propose une élimination absolue. Garofalo et Ferri ses disciples, voient la possibilité de l'amendement du coupable ; ils acceptent l'influence du milieu ; le changement de milieu peut, selon eux, modifier des instincts pervers et dangereux. Fous et criminels sont toujours confondus dans une même pénalité ; ils sont l'objet des mêmes mesures préventives.

En théorie, Ferri fait une distinction entre les criminels et les aliénés; sauvant le mot, sinon l'idée de responsabilité, il reconnaît que le criminel a conscience de l'atteinte portée par lui à l'organisme social, ce qui entraîne de sa part une responsabilité sociale. L'aliéné n'a pas cette conscience.

On pourrait se demander si les états demi-normaux forment une classe à part dans la théorie du criminaliste. Nous pensons que rien ne s'y opposerait; les demi-criminels auraient seulement une conscience obscure du mal social. Mais à supposer que cette demi-responsabilité leur soit reconnue, il importe peu; le caractère de la peine se maintient le même pour tous.

Résumons la doctrine positiviste. Tout agent est une machine; pas de causalité morale; l'agent veut peut-être un acte, mais il ne veut pas cette volonté; il la subit soit en vertu de causes purement physiologiques (théorie de Lombroso), soit en vertu de causes sociales (théorie de Garofalo et Ferri). La différence pratique des deux théories déterministes, ne consiste qu'en une élimination plus ou moins grande.

L'exposition des deux théories extrêmes : liberté morale et déterminisme, nous montre que les états demi-normaux n'ont aucune influence sur le fondement du droit de punir. Dans la doctrine de la liberté morale, ils rentrent dans la catégorie des personnes responsables, la conception d'une demi-liberté n'existant pas, ils sont déclarés complètement responsables ; et la peine sanction, fondée sur la responsabilité, leur est appliquée.

Dans la doctrine déterministe, négation de la responsabilité, ils ne forment pas de classe à part : englobés dans le terme générique d'individus nuisibles, ils subissent, de même que les fous et les autres criminels, les mesures infligées par la défense sociale. La peine, mesure préventive, effet de la réactivité sociale, s'applique à tous.

La responsabilité partielle au sens très large du mot (nous ne faisons suivant l'usage pas de distinction entre la responsabilité partielle et la responsabilité atténuée), nous apparaît en quelque sorte, comme une transaction de la nouvelle école classique, la liberté relative, qui n'est elle-même, à notre avis, qu'une transaction entre le déterminisme et la liberté. Elle nous apparaît comme un compromis entre la doctrine ancienne et la *nuova scola*, doctrines toutes deux absolues, qui n'admettent ni l'une ni l'autre, l'effet des états pathologiques signalés au début de cette étude, puisque tout était, d'après elles, responsabilité ou irresponsabilité (théorie classique), ou parce qu'il n'y avait plus de responsabilité (théorie positiviste).

Le bon sens, avons-nous dit, protestait contre la théorie classique de la liberté morale ; mieux valait pratiquement la théorie déterministe, qui éliminait momentanément, qui soignait l'aliéné, le dégénéré. (Nous faisons, bien entendu, abstraction de la théorie de Lombroso, qui considère tous les coupables comme incorrigibles). Mais il y avait d'autre part, difficulté d'établir le fondement du droit de punir uniquement sur le droit de défense sociale ; si ce principe sauvegardait les intérêts de chacun, il ne répondait pas à la conception idéale de la justice. On chercha, et à la notion indivisible de la liberté, on substitua une notion relative ; la liberté ne fut plus reconnue égale chez chaque individu. On admit que l'homme fut plus ou moins déterminé par des influences sociales, par des causes extérieures ou internes quelconques, qu'il pouvait avoir plus ou moins de force de résistance au mal.

Alors, suivant que l'homme sera plus ou moins libre dans ce choix du mal, ce mal lui sera plus ou moins imputable ; à une liberté incomplète, correspondra une part incomplète de responsabilité. La liberté relative est une concession des spiritualistes au déterminisme, et les spiritua listes qui ne veulent pas rester dans un absolutisme exclusif, peuvent l'admettre sans être fatalement entraînés à nier un jour la responsabilité. Il n'y a qu'un pas, dit-on, entre la liberté relative et la négation de la liberté. C'est encore, empressons-nous de l'ajouter, un rude pas à franchir. Les déterministes gardent ce nom de liberté relative, comme une sorte de déterminisme sociologique, de surface; la liberté agit toujours dans le sens d'influences normales de la vie.

Dans cette théorie de la liberté relative, il devenait facile de comprendre la responsabilité limitée, puisque suivant plus ou moins de liberté, on était plus ou moins responsable. A côté de l'irresponsabilité, on pouvait prévoir une responsabilité diminuée, acheminement vers l'état normal de responsabilité.

On pouvait, dès lors, apprécier le degré de responsabilité de chaque criminel, et tenir compte des états demi-normaux devant la pénalité.

La théorie classique ancienne avait considéré la liberté comme une notion existante. On peut dire, nous semble-t-il, qu'elle avait elle-même créé la fissure qui offrait une entrée à la thèse de la liberté relative. La conception d'une liberté réelle, appréciable, le jour où l'on aurait enlevé l'idée d'indivisibilité, pouvait amener à concevoir la mesure d'une portion, une moitié, un tiers de liberté.

Certains auteurs spiritualistes ont, il est vrai, présenté tout autrement la notion de la liberté : la liberté n'aurait pas d'existence réelle ; elle serait une sorte d'état de conscience de l'individu ; il serait nécessaire de la maintenir simplement pour distinguer la peine des mesures à prendre contre les aliénés. A moins d'entrer dans le déterminisme absolu, la peine devant conserver sa valeur morale, l'idée de mérite ou de démérite apparaît ; il est possible à l'agent d'agir sur lui-même ; la nouvelle théorie fonde donc la responsabilité sur la liberté. Mais cette liberté n'est pas existante, elle n'est qu'une présomption. Tout homme à l'état normal est présumé responsable. La liberté est un état virtuel, impossible à prouver.

Cette théorie ne contenait pas la fissure de l'école classique. Il semblerait en résulter que la mesure effective de la liberté ne se conçoit pas.

Mais, s'il n'y a pas, par suite, de demi-responsabilité vraie, ne doit-on pas, en présence d'un état demi-normal, dire qu'il y aura demi-présomption de liberté, au lieu de présomption complète et demi-responsabilité présumée ?

Puisque ces auteurs ont abandonné cette liberté indivisible de l'ancienne école classique, puisqu'à l'heure actuelle, ils tiennent compte de l'état normal ou anormal de l'individu, il leur faut bien admettre que la demi-normalité correspondra à une demi-présomption de liberté.

Et quand on présume la liberté, on ne présume pas, forcément, qu'elle est la même chez tout individu ; elle dépend de son état ; elle dépend de l'influence du physique sur le moral, influence essentiellement variable ; on retombe ainsi dans la liberté relative, et sa présence nous donne les mêmes solutions.

La capacité de liberté est moins grande chez l'individu demi-normal que chez l'individu normal, et la présomption de liberté de la nouvelle conception spiritualiste, diminue, comme diminue dans l'autre conception, la liberté vraie, la responsabilité vraie. Nous ne croyons pas qu'il soit possible de sortir de cette impasse.

Que l'on considère la liberté comme une chose tangible, possible à prouver, ou qu'on la considère comme une croyance, une présomption, il nous paraît nécessaire d'admettre des responsabilités limitées.

Voulant distinguer les mesures à prendre contre l'aliéné de celles à prendre contre le criminel, des déterministes, tout en écartant la responsabilité, ont essayé de baser la notion du droit de punir sur une autre idée que celle de la défense sociale. Dans toutes ces combinaisons, faites pour échapper aux conséquences de l'école italienne, le traitement mixte des individus demi-normaux peut trouver place et former un intermédiaire entre le traitement des criminels et le traitement des aliénés. Nous n'avons pas l'intention de passer en revue toutes ces théories, nous nous contenterons d'énumérer les principales.

Le docteur Dubuisson a soutenu que l'irresponsable était l'individu inintimidable, les fous seuls ne sont pas intimidables, tout au moins par la menace lointaine de la peine, car ils peuvent être intimidables par la menace actuelle du châtiment. Les demi-normaux sont intimidables dans une certaine mesure.

Laissons le docteur Dubuisson nous montrer le puissant effet de l'intimidation : « Un individu est incapable de se suffire à lui-même, moralement parlant. Que reste-t-il pour faire échec aux mauvais penchants qui dominent dans ce cerveau ? Rien, si ce n'est ces mauvais penchants eux-mêmes, et ce serait peu de chose en vérité, si la répression pénale n'était pas là. C'est elle qui vient au secours du misérable. La cupidité, la sexualité, l'instinct destructeur veulent être satisfaits, mais l'intelligence montre à l'homme que le résultat de pareilles satisfactions sera de l'atteindre dans son bien, dans sa liberté, dans sa vie, c'est-à-dire dans ses instincts mêmes qu'il est prêt à contenter, et il arrive alors, pourvu bien entendu, que l'intimidation soit suffisante, que les mauvais penchants tirés en sens contraire se font échec à eux-mêmes et se trouvent comme neutralisés... La menace du dernier supplice n'est en somme que le plus énergique de ces procédés d'intimidation sociale, dont la série débute modestement avec la crainte du qu'en dira-t-on.

Tous ont pour but d'éveiller, au moyen de l'intelligence, des penchants bons ou mauvais, mais capables de tenir en balance ceux qui poussent l'homme à mal faire. Tantôt ils opposent un penchant supérieur à un penchant inférieur, tantôt ils opposent, faute de mieux, le penchant inférieur à lui-même. Mais la lutte, en fin de compte, reste tout intime, la bataille a lieu entre les divers penchants humains, et quand l'égoïsme est vaincu, c'est bien l'homme qui est vainqueur. La société n'a été, en cette affaire, que son alliée. L'homme le plus mal doué, le plus perverti, peut donc, pourvu que son intelligence soit suffisante et que le procédé d'intimidation soit assez énergique, résister à ses mauvais penchants, se faire échec à lui-même, surmonter la fatalité qu'il tient de son organisme. »

Cette théorie tient donc compte de ce que nous appelons la responsabilité limitée.

M. Tarde, représentant l'école éclectique, après avoir écrit dans son livre sur la Philosophie pénale : « Quant à la solution provisoire de la liberté limitée et de la responsabilité partielle, il est inutile d'insister sur la fragilité de ce compromis » déclare, quelques pages plus loin : « L'irresponsabilité absolue est non moins contradictoire que la responsabilité absolue.. Entre des maxima et des minima lentement changeants, s'interpose l'échelle immense des degrés de la responsabilité et de l'irresponsabilité réelle. »

D'après l'école critique italienne, dont le représentant le plus autorisé est Alimena (1), la peine est un moyen de défense sociale, tout en restant, dans l'esprit de la collectivité, une sanction; cette défense peut être plus ou moins grande ; il faut varier la peine, sùivant le degré de nocuité des individus. Ce sont les facteurs sociaux qui ont le plus d'im-

(1) Cependant Alimena, pour des raisons pratiques (Défaut de critérium précis, défaut d'intimidation résultant de la peine atténuée`, ne semble pas admettre la responsabilité partielle. (V. sur ce point M. Saleilles à son cours de législation pénale comparée) (Paris, 1897-98).

portance dans la genèse du crime; il y a donc des degrés possibles et une responsabilité plus ou moins atténuée.

Liszt, lui aussi, a établi une distinction entre les criminels et les aliénés. A la conscience des motifs déterminants chez le criminel, il oppose l'inconscience du mécanisme interne chez l'aliéné.

Il suffit que l'acte soit pour tout le monde moral ou immoral, sans rechercher si l'individu a eu pouvoir ou non sur la genèse de ses actes.

La peine, pour Liszt, est une mesure préventive fondée sur le degré d'immoralité de l'individu.

Qui dit degré dit variabilité et par conséquent possibilité d'apprécier l'influence des états demi-normaux.

Liszt tend à ne pas tenir compte des écoles philosophiques. C'est la solution qui nous semble préférable; elle n'est pas compromettante. La théorie classique, croyons-nous, est trop contraire aux nécessités d'une bonne répression; les théories nouvelles sont encore trop incertaines et controversées.

Que le droit pénal fasse appel à toutes les doctrines, dans le but de parfaire la justice, de combler ses lacunes et ses erreurs, rien de mieux. Nous ne l'asservirons à aucune d'elles. D'accord avec le bon sens, nous nous bornerons à prendre, vis-à-vis des demi-responsables, des mesures spéciales.

Y a-t-il possibilité d'organiser la répression pénale en dehors de tout système philosophique? La fixation législative de la peine, le rôle du juge, le rôle de l'administration, peuvent, selon nous, se concevoir en dehors de ces problèmes ardus et insolubles du déterminisme et de la liberté. Le but du législateur, en édictant des peines, est de maintenir les hommes dans la bonne voie, par la crainte d'un châtiment, par l'intimidation.

Les déterministes acceptent d'autant plus cette idée, qu'elle est un motif déterminant sur la conduite de l'individu. Les spiritualistes peuvent l'admettre ; l'intimidation vient au secours de cette énergie intime qui constitue la force de la résistance. Les bienfaits moralisateurs de l'intimidation sont reconnus par toutes les écoles ; elle est une base suffisante de la fixation législative de la peine, et est indépendante de tout système philosophique spiritualiste ou déterministe.

Le juge spiritualiste, dans le dosage de la peine, tranche-t-il toujours la question de responsabilité? M. Cuche, dont nous empruntons la manière de voir, affirme que le magistrat, dupe d'une illusion d'optique « ne mesure point la peine d'après la responsabilité de l'agent, mais d'après sa puissance de nuire, ordinairement révélée par la valeur morale des motifs qui l'ont déterminée. » La preuve en est qu'un récidiviste est condamné plus sévèrement qu'un délinquant primaire; et pourtant, sa conscience est éteinte, il glisse plus facilement sur la pente du crime, il est en quelque sorte moins responsable que le délinquant primaire.

Le voleur surpris en flagrant délit de vol, qui tue le gêneur inconnu, est aussi plus sévèrement puni qu'un frère qui tue le misérable ayant déshonoré sa sœur. Dans les deux cas, il y a peut-être responsabilité identique. Le degré de nocuité forme donc seul l'appréciation du juge. Nous ne voyons pas pourquoi spiritualistes et déterministes ne se contenteraient pas de ce critérium. L'administration pénitentiaire est chargée d'amender le détenu ; les moyens employés (travail, lecture, conseils), sont également préconisés par les deux écoles adverses.

Nous concluerons en disant qu'il est possible d'organiser pratiquement la répression pénale, tout en écartant la question de responsabilité.

Nous évitons ainsi cette vieille doctrine de l'école classique ancienne, la responsabilité complète, contraire au bon sens, aux nécessités de la répression. L'individu demi-normal sera puni, mais il sera moins puni, et c'est ce qu'il faut dans l'état actuel du droit pénal. On pourrait, à l'instar de l'école italienne, supprimer la peine et la remplacer par des mesures préventives, une élimination plus ou moins absolue, c'est-à-dire un traitement plus ou moins indéterminé quant à sa durée ; en réalité, c'est toujours une peine déguisée sous le nom de mesures préventives.

Restant donc dans le domaine de la répression, il nous faut arriver au traitement mixte, qu'il y ait ou non responsabilité morale ou simplement une responsabilité, une réactivité sociale.

Ce résultat s'impose ; il est admissible pour tout le monde, sauf pour les partisans intransigeants de la liberté absolue, du libre arbitre d'indifférence ou pour Lombroso.

Pour tous autres (liberté relative existante ou présumée, doctrines déterministes admettant la responsabilité fondée sur une autre base que la liberté), il faudra une peine et une peine moindre que pour l'individu normal.

Le demi-normal, ne l'oublions pas, est un malade. Comment agir ? Faut-il le traiter de suite et le traiter d'une façon spéciale dans une sorte d'asile prison ? C'est l'idée italienne forcée des disciples de Lombroso. Faut-il appliquer la peine et le traiter ensuite ? Ou faut-il enfin le traiter d'abord et appliquer la peine ensuite ? Tous ces systèmes d'exécution sont acceptables, quelle que soit l'opinion qu'on se fasse. Nous tenons donc compte de cette demi-normalité, de cette demi-responsabilité dans le sens très large que nous avons attribué à ce mot, et pour employer les expressions classiques, de cette responsabilité limitée, partielle, atténuée.

CHAPITRE III

POINT DE VUE JURIDIQUE

Deux moyens nous sont offerts pour atténuer la peine, la loi ou le juge, l'excuse légale ou les circonstances atténuantes. L'un et l'autre de ces deux systèmes paraissent répondre au but que nous venons d'indiquer.

Il existe entre eux des différences que nous aurons à étudier plus tard, mais en théorie, d'une façon générale, tous deux diminuent la peine. Peut-on choisir librement entre ces deux systèmes ?

La conception philosophique de la responsabilité limitée, ne nous impose-t-elle pas le choix de l'un deux ? Tel sera l'objet d'une première question. Cette question résolue, si nous n'admettons aucune influence de la conception, il nous restera alors, au point de vue d'une bonne législation, à examiner lequel système de l'excuse légale ou des circonstances atténuantes, serait préférable.

Précisons notre première question. La conception philosophique de la responsabilité atténuée peut-elle avoir une influence sur la manifestation, sur la traduction dans les textes ou dans la pratique judiciaire, de cette institution ?

La question, pour nous, ne se pose même pas. Nous avons en effet décidé qu'au point de vue d'une bonne répression, sans entamer la question de responsabilité et des fondements plus ou moins différents de cette responsabilité, l'atténuation s'imposait. Laissant de côté toute question philosophique, nous n'avons pas à subir l'influence de telle ou telle conception.

Étudions cependant si le législateur, en présence de ces états de demi-normalité doit, *a priori*, établir la cause d'atténuation ou au contraire, s'il doit laisser au juge, par le jeu des circonstances atténuantes, le soin d'atténuer lui-même la peine suivant les cas. Voyons quelle pourrait être l'influence d'une doctrine admise. Nous ne nous occupons naturellement que des théories de la liberté relative, et nous y classons toutes les doctrines de déterminisme sociologique, de déterminisme relatif, si l'on peut s'exprimer ainsi, écartant toutes les écoles qui ne peuvent admettre l'influence des états mentionnés plus haut.

M. le professeur Saleilles, à son cours, a soutenu que tant que l'on se placerait en présence de la liberté relative, considérée comme une notion existante, susceptible de mesure, il faudrait admetire que c'est là une véritable question de mesure de responsabilité ne pouvant être fixée que par la loi, si, au contraire, on admet le système de la liberté relative, considérée, non plus comme une chose réelle, mais comme une simple présomption, devant l'obligation de tenir compte des états demi-normaux, le système des circonstances atténuantes s'impose.

Autrement dit, tant que l'on reste dans la responsabilité, dans la mesure possible de la liberté, nécessité de l'excuse légale ; dès que l'on passe à la liberté, état virtuel, état présumé, la loi n'a plus à se prononcer, il n'y a plus d'excuse légale, c'est un cas d'individualisation de la peine entraînant les circonstances atténuantes.

Les deux systèmes juridiques qui traduisent la responsabilité atténuée, dépendraient donc étroitement de la conception philosophique de cette responsabilité.

Nous avouons ne pas très bien comprendre la relation qui existe entre les deux questions.

Nous comprenons l'idée dominante du système de M. le professeur Saleilles, qui fait de la responsabilité limitée, une question de criminalité subjective, résolue par le juge. Nous sommes aussi d'avis qu'il est contraire à une juste application des peines, de faire trancher *a priori* par le législateur, la responsabilité partielle. Mais c'est là une question toute différente de celle qui nous occupe en ce moment.

Si la responsabilité est fondée sur la liberté présumée, nous avons essayé de le démontrer, la doctrine de la liberté présumée, qui critique l'autre théorie, dont le grand tort, selon elle, est d'admettre une mesure de liberté, arrive malgré tout à mesurer, nous ne disons pas la liberté réelle, mais la présomption de liberté. D'un côté, on dit, il y a une demi-liberté, une demi-responsabilité, et M. le professeur Saleilles, est, nous a-t-il paru, conduit à dire, demi-présomption de liberté, demi-présomption de responsabilité.

L'idée de mesure subsisterait donc, et la présomption pourrait être plus ou moins grande. S'il en était ainsi, on ne verrait pas pourquoi la demi-présomption ne pourrait pas être posée par la loi, et il y aurait possibilité de choisir entre l'excuse légale et les circonstances atténuantes.

Pour échapper à cette conséquence, M. le professeur Saleilles fait, il est vrai, observer que ce système de la demi-présomption de responsabilité, édicté par la loi, s'étendra à nombre d'hypothèses qui ne peuvent guère *a priori* y être classées; ce sont là, pensons-nous, des objections qui se présentent contre tout système d'excuse légale : nous les présenterons nous-même tout à l'heure. Les objections proposées par M. le professeur Saleilles peuvent bien montrer le danger de l'excuse légale ; mais elles ne montrent pas, selon nous, en dehors de ce danger général, qu'on soit obligé ici, plus que dans le système de la liberté vraie, d'admettre les circonstances atténuantes plutôt que l'excuse.

Prenons le système de la responsabilité réelle ; est-ce qu'il conduit à l'excuse légale ?

Lorsqu'il s'agit d'un individu responsable dont la criminalité de fait aura été diminuée par un état moral, variable avec chaque individu, avec chaque fait, on s'accorde à dire que la peine devra être atténuée, et que ce sera là le domaine propre des circonstances atténuantes. S'il s'agit non plus d'un état moral, mais d'un état physique morbide préexistant, la loi, prétend-t-on, doit intervenir, et on rentre dans le domaine de l'excuse légale.

Nous n'en voyons pas la cause.

On admet qu'un état moral relève du juge,

en vertu de quel motif un état physique implique-t-il l'intervention de la loi ? Nous sommes en présence de deux cas d'atténuation de responsabilité ou de criminalité ; l'appréciation de ses degrés doit appartenir au juge dans tous les cas. Une intervention forcée de la loi limite arbitrairement, nous semble-t-il, le champ d'application des circonstances atténuantes,

En définitive, d'après la conception que nous nous sommes faite des deux systèmes de la liberté réelle ou présumée, il peut y avoir une demi-liberté, une demi-présomption de liberté, prévues soit par la loi, soit laissées à l'appréciation du juge.

Et si, d'après les conséquences attribuées par ses partisans à la doctrine de la liberté présumée, tout est question de criminalité subjective, de circonstances atténuantes, nous ne voyons pas pourquoi, si l'on admet des mesures possibles de la criminalité, on n'accepterait pas ce système de l'atténuation purement subjective, dans la thèse de la liberté vraie, de la responsabilité réelle, existante, susceptible de mesures.

Nous arrivons à notre deuxième question, est-il permis d'hésiter entre le système de l'excuse légale et celui des circonstances atténuantes?

Dans la réalité des faits, le système de l'excuse légale est très difficilement admissible, il ne donne pas la mesure exacte de chaque cas particulier. Les circonstances atténuantes répondent mieux à l'individualisation de la peine. L'atténuation est-elle prévue par la loi? il sera impossible d'appliquer une peine exactement proportionnelle à la plus ou moins grande criminalité de l'individu. Supposons, momentanément, que l'on parvienne à établir un critérium satisfaisant de tous ces états anormaux, des difficultés se produiront. L'école italienne, où l'on juge l'individu sur son degré de nocuité, de criminalité latente, abstraction faite de l'acte dans lequel s'est incarnée cette criminalité, n'a pas à les redouter.

Si l'on ne tient compte en effet, que de la criminalité latente, appelée, suivant la très heureuse expression de M. le professeur Saleilles, criminalité statique, le critérium une fois trouvé, on peut admettre une atténuation légale. Peu importe ici l'application de l'excuse légale à un fait déterminé toujours méconnu. Il ne reste que l'objection du critérium. Mais si le degré de nocuité de l'agent, si la criminalité statique doivent être pris en considération pour déterminer la nature et le régime de la peine, il est indispensable, pour en fixer la durée, d'examiner la manifestation de la criminalité, c'est-à-dire, la criminalité dynamique ; il faut en étudier la forme concrète. Or, cette concordance nécessaire entre les deux criminalités, statique et dynamique, échappe complétement aux prévisions de la loi. Un individu qui rentre dans le critérium légal des demi-responsables, commet un acte délictueux. L'infraction est-elle ou non un produit de la neurasthénie, de la perversité maladive, ou concorde-t-elle avec la nature morale qui pousse l'agent au crime ? Un état morbide excite cet individu au meurtre, il commet un vol. Si l'on veut doser exactement la pénalité, il est nécessaire de rechercher le rapport qu'il peut y avoir entre le vol et la maladie ou la nature morale.

La loi peut-elle prévoir toutes ces particularités au moyen de distinctions délicates ? Une loi qui détaille trop, répondrons-nous, perd sa clarté. Allons plus loin.

Supposons qu'il s'agisse d'un crime se rattachant directement à l'état de morbidité ; s'il y a crise pathologique au moment du crime, le lien entre ce crime et l'état morbide apparaît de suite, pas de difficulté.

Il n'y a pas de crise apparente, ne peut-on pas, néanmoins. après un examen attentif, découvrir que l'idée de crime, de vol est obsédante, irrésistible ? Comment renfermer tous ces cas dans un texte de loi. Que la loi fixe dans une formule, l'atténuation de responsabilité pour des états physiques, pathologiques, déterminés, on le comprend.

Il en est autrement si le mécanisme cérébral, en apparence normal, ne laisse pas de place au pouvoir de résistance au mal, et si l'action du physique sur le moral est certaine, quoique dérivant de facteurs pathologiques restés longtemps inaperçus. La loi dira bien : outre l'état pathologique, il suffit d'excitations psychiques, sans état pathologique apparent. Une telle loi sera toujours incomplète. Dans l'état pathologique, l'acte délictueux peut n'avoir aucun rapport avec la maladie ; et les excitations psychiques cachées amènent à limiter la responsabilité dans toutes les hypothèses. Tout serait donc contraire aux faits, au bon dosage de la pénalité.

Supposons que l'excuse légale soit vérifiée, l'atténuation s'impose. Un individu était-il dans tel et tel état pathologique ? Subissait-il telle ou telle influence psychique ? La réponse sera oui ou non. Impossibilité, dans ces conditions, de vérifier le rapport existant entre l'acte délictueux et l'état physique ou psychique prévu. L'état vérifié, la réponse affirmative, l'atténuation s'imposent. La maladie de l'agent le fait bénéficier de l'excuse légale. En fait, le Jury ou le Tribunal saisi de l'excuse légale, vérifiera toutes ces questions, et, s'il ne reconnaît aucun rapport existant entre le crime et l'état morbide, il refusera l'excuse légale.

La loi, dans ces conditions est violée ; un état existe, et on répond qu'il n'existe pas.

Ce serait, en sens inverse, un procédé analogue à celui qu'emploie le jury, répondant négativement sur les circonstances aggravantes d'un vol avec escalade, dans le but d'éviter une peine criminelle, quand ce vol est de peu d'importance. Des réponses contraires aux faits, des moyens en dehors de la loi, sont suffisants pour faire condamner ce système ; il n'est justement applicable que dans l'école italienne, où la criminalité statique de l'agent est seule prise en considération.

En supposant donc qu'il y ait un critérium précis de la responsabilité, l'application de l'excuse légale est difficile en pratique. Le législateur aurait tort de résoudre par un texte, une question toute subjective. L'excuse légale ne peut être admise qu'en cas de concordance de l'acte et dé l'état morbide.

S'il est cependant possible de prévoir tous ces

rapports, il reste encore à fixer le criterium de la demi-responsabilité.

Trois critériums ont été proposés :

Le critérium psychologique présenté à titre d'amendement dans la discussion du projet de Code pénal Suisse rédigé par Stoos, devant la commission d'experts.

Le critérium psychologique est ainsi formulé :

Celui qui, au moment du fait, n'est pas complètement capable de se décider librement, verra sa peine diminuée.

Le critérium pathologique (1) de l'avant-projet suisse (article 11 du projet de la Commission) : « N'est pas punissable quiconque, au moment de l'infraction, était en état d'aliénation mentale, d'idiotie ou d'inconscience... Si la santé mentale du délinquant n'était qu'altérée, ou sa conscience incomplète, ou si son développement mental est resté imparfait, etc. ».

Le double critérium prévoit une maladie ou des états quelconques, qui, une fois constatés, permettent de faire la preuve de l'état psychologique qui en résulte. Les articles 46 et 47 du Code pénal italien de 1889 sont construits sur ce double critérium. Article 46 : « N'est pas pu-

---

(1) Nous verrons du reste que ni le projet de Stoos, ni celui de la Commission n'admettent d'excuse légale. Ils fixent un critérium parce que les circonstances atténuantes sont déterminées.

nissable, celui qui, au moment où il a commis le fait, se trouvait dans un état d'infirmité mentale de nature à lui enlever la conscience ou la liberté de ses propres actes. Le juge, néanmoins, s'il voit des dangers à l'élargissement du prévenu absous, ordonne qu'il soit remis à l'autorité compétente, en vue des mesures légales. » Article 47 : « Quand l'état d'esprit indiqué à l'article précédent est de nature à amoindrir grandement l'imputabilité sans la supprimer, la peine édictée relativement à l'infraction commise est diminuée d'après les règles suivantes. » Dans les 4 premiers paragraphes de l'article 47 sont énumérées les diverses atténuations de la peine. Même système dans l'article 51 du Code pénal allemand et dans l'article 33 du projet de Code pénal russe, ainsi conçu : « N'est pas imputable, le fait commis par un individu qui, soit par l'insuffisance de ses facultés intellectuelles, soit par le dérangement maladif de l'activité de son âme, soit par suite de son état d'inconscience, ne pouvait, au temps de l'action, comprendre la nature et le sens de ce qu'il faisait, ni diriger ses actions. »

Aucun de ces critériums n'est satisfaisant. Prenons-nous le critérium psychologique ? Alors renaissent les querelles du libre arbitre ; le juge va statuer sur la liberté, que fera-t-il, s'il ne croît pas à la liberté? Qui sera libre, qui sera irresponsable? Celui qui ne peut opposer aucune force de résistance au mal, sera-t-il irresponsable? Le degré de liberté d'un névrosé, d'un individu se trouvant dans un cas douteux, est trop délicat à mesurer. L'irresponsabilité complète peut supplanter la responsabilité partielle atténuée: partant de l'idée de liberté, ce système donnera un accès facile à la doctrine de l'école anthropologique. L'individu qui, dans un état d'esprit passagèrement troublé, commet un crime, sa liberté étant diminuée, bénéficiera des atténuations, puisqu'on n'exige pas la preuve d'un état mental déterminé.

L'irresponsabilité complète, ou tout au moins la responsabilité partielle, seront toujours susceptibles d'être reconnues à tous.

Les mêmes inconvénients se retrouvent en partie dans le système du double critérium. La question du libre arbitre est encore en jeu. La conscience et l'inconscience intellectuelle, la capacité et l'incapacité de vouloir, créent l'incertitude de l'appréciation. Quel texte nous donnera une définition légale et précise de la liberté morale? Certains criminalistes ont essayé d'échapper à cette critique. Liszt considère comme défectueuse, toute définition légale. Les notions philosophiques et scientifiques sont trop variables, pour que l'on prétende enfermer la notion vraie dans un texte de loi. La loi ne doit pas être la contradiction des données de la science. Liszt, en conséquence, évite de définir la responsabilité. Au lieu d'employer des termes, comme inconscience, impuissance de volonté, liberté morale, il faut, tout en acceptant le double critérium pathologique et psychologique, dire, état exclusif ou diminutif de responsabilité.

Une conception de la responsabilité ne lie pas le juge. Quelque garantie qu'offre un pareil système, les difficultés philosophiques et les variétés possibles d'appréciation, subsistent toujours. Sans doute (et c'est un avantage sur le premier critérium) le juge ne peut déclarer la responsabilité limitée ou l'irresponsabilité complète en dehors d'états pathologiques déterminés par la loi. Nous abordons ainsi l'examen du troisième critérium, le critérium pathologique.

S'il ne s'agissait que de l'irresponsabilité totale, ce système serait parfait, il fait dépendre uniquement d'un état pathologique, la non imputabilité d'une infraction. En matière de responsabilité partielle, il est tout à fait défectueux.

Faut-il, en effet, englober dans une formule générale, tous les états demi-normaux ? Mais est-on sûr qu'en dehors de ces états, il ne puisse y avoir de responsabilité limitée ? On soutiendra peut-être qu'un trouble organique quelconque sera une cause d'excuse.

Souvenons-nous de l'extension graduelle donnée au mot démence de l'article 64, et des difficultés qu'elle a suscitées.

Faut-il déterminer un à un ces états pathologiques ? Tous ne sont pas connus, quelques-uns sont incomplètement étudiés, la médecine mentale est appelée à en découvrir de nouveaux. Un jour viendrait où le Code pénal serait en désaccord avec les découvertes de la science et punirait des personnes qui, plus tard, seraient regardées comme irresponsables ou demi-responsables.

Le critérium pathologique est notoirement insuffisant. La loi sera trop large ou trop étroite ; se plaçant à une époque donnée, elle énumérera, d'une façon vague ou incomplète, les états de responsabilité limitée, sans suivre les progrès des maladies mentales

Le système des circonstances atténuantes, paré à tous ces inconvénients, l'atténuation n'est pas forcée, grave défaut du critérium pathologique ; pas de discussion philosophique ; c'est le seul qui réponde aux nécessités pratiques ; il n'est pas besoin de critérium ; son élasticité est très grande ;

elle permet, dans une sage mesure, à la jurisprudence, d'accéder aux données scientifiques.

Le projet suisse de Stoos, et celui de la Commission de révision, sans admettre l'excuse légale, acceptent un critérium pathologique; l'objection de l'atténuation forcée disparaît, le juge atténue librement la peine. Mais il reste la critique de détermination des états de responsabilité limitée, ou d'extension incessante à donner à une formule générale. Le projet suisse a rédigé son critérium en termes très larges, et les objections ne sont donc pas très considérables.

Nous n'adopterons toutefois pas ce système; nous préférons laisser à l'arbitraire du juge et la possibilité de l'atténuation, et la détermination des cas de responsabilité limitée. Nous rejetons l'excuse légale, parceque les critériums proposés sont insuffisants, parce que la situation légale vérifiée, l'atténuation s'impose, sans qu'on ait à s'occuper de la corrélation de l'acte délictueux et de l'état morbide. Notre question de responsabilité limitée est toute subjective, la loi ne peut prévoir que la criminalité latente, statique. Seules, les circonstances atténuantes permettent de tenir compte de la criminalité effective, dynamique. En dehors de toute considération théorique, nous en trouvons la preuve dans ce passage du rapport de la loi du 28 avril 1832, sur les circonstances atténuantes : « Les lois pénales classent et qualifient les actes ; elles ne peuvent classer et qualifier les agents ; elles sont forcées de négliger et de méconnaître toutes ces nuances morales, qui, au jugement de la conscience, placent à de si grandes distances, des faits punis de la même peine et appelés du même nom. Il n'y a d'autre remède aux inconvénients qui viennent d'être signalés, que d'introduire dans chaque accusation, un droit absolu d'atténuer le crime et la peine, et de rectifier ainsi par l'appréciation circonstanciée de la conscience, l'appréciation générale de la loi ».

En 1887, une commission fut chargée d'étudier un projet de réforme du Code pénal français ; l'article 54, destiné à remplacer l'article 64, ne fait aucunement allusion à la responsabilité atténuée ; le législateur, par son silence, maintient l'application du système des circonstances atténuantes. Notre appréciation personnelle ne nous fait pas regretter cette voie.

Les nécessités de la bonne répression pénale, nous ont conduit à adopter ce dernier système ; il nous reste à montrer que dans les conséquences pratiques, ce sont les circonstances atténuantes qui donnent les meilleurs résultats. Noux examinerons donc parallèlement les effets des deux systèmes en présence :

1° Au point de vue de la procédure d'instruction et de jugement ;

2° Au point de vue de la mesure de la peine et de son exécution.

Expertise

La raison et la connaissance du droit ne sont pas suffisantes pour juger la folie ; le juge n'a pas à sa disposition de critérium qui lui permet de distinguer la perversité morale de la perversité morbide.

L'interrogatoire de l'accusé, son attitude, les circonstances, les mobiles du crime, l'examen de son caractère, fourniront, sans doute, au magistrat, des indices utiles sur la responsabilité ; si éclairé soit-il, il n'est cependant pas à même de diagnostiquer l'aliénation mentale. Il est parfaitement admis aujourd'hui que la folie peut se concilier avec la préméditation, la ruse, une habile défense, une intelligence très vive ; des études spéciales sont nécessaires pour découvrir la tare en apparence invisible.

« Si la détermination de la folie est une question de droit, a dit fort judicieusement un magistrat anglais, il faut renoncer à la pratique d'en appeler aux témoignages d'experts ; si c'est une simple question de fait, le juge ne doit pas être plus longtemps admis à en dire son avis, à moins de prêter serment comme témoin, et de prouver qu'il a qualité pour en parler comme expert ».

L'expertise médico-légale peut seule donner toutes les garanties; le médecin doit devenir l'auxiliaire du magistrat. La justice ne compromettra pas ainsi la sécurité publique par l'impunité du coupable, et rarement se produira l'exception où le malheureux irresponsable sera la victime d'une erreur judiciaire.

L'expertise médico-légale remonte haut dans le passé; M. l'avocat général Labroquère constate son apparition dans les capitulaires de Charlemagne, la rencontre ensuite dans les coutumes d'Anjou, de Normandie, et dans les Ordonnances de Saint-Louis. Au XIIIe siècle, elle apparaît devant les tribunaux ecclésiastiques et devant les juges royaux. Un édit de Philippe le Bel, consacra son emploi.

En 1391, le comte Amédée de Savoie, étant mort dans des circonstances qui laissaient croire à un empoisonnement, deux médecins furent appelés à se prononcer sur cette question. Leur avis fut favorable à l'accusé. La Caroline de Charles-Quint, exigeait l'intervention et le rapport des médecins dans les procédures criminelles; un bref du Pape Pie V « proclama la compétence de l'homme de l'art dans l'appréciation des faits médicaux en matière ecclésiastique. »

Pigray, médecin de Charles IX, raconte qu'aidé de trois de ses confrères, il enleva au bûcher 14 malheureux condamnés à expier le crime de sorcellerie : « Notre avis, dit-il, fut de leur bailler plutôt de l'ellébore pour les purger, qu'autres remèdes pour les punir. La Cour les renvoya suivant notre rapport. »

Surtout dans ces procès de sorcellerie, il est permis de croire que le médecin expert chargé de décider si la cause de la folie était naturelle, dut sauver de nombreuses victimes.

Au XVIIe siècle, paraît l'ouvrage de Zacchias : *Questions médico-légales,* où est étudié la responsabilité pénale, ainsi que l'influence de l'épilepsie, de la catalepsie et du somnambulisme. Un ancien juriconsulte, Muyart de Vouglans, s'appuyant sur l'autorité du célèbre médecin, reconnaissait déjà la nécessité d'un examen médical « parce que la folie est une maladie du cerveau, que le médecin est plus en état de connaître que tout autre ». Mais tous ces débuts remarquables par leur précocité, étaient loin de faire présager l'importance que devait avoir de nos jours la médecine légale. Jusqu'au commencement du siècle, le médecin n'intervient pour ainsi dire qu'accidentellement dans l'œuvre de la justice.

Le Code d'instruction criminelle, sous le régime duquel nous vivons, n'a attaché qu'une médiocre importance à des fonctions devenues aujourd'hui considérables.

Deux articles seulement se sont occupés des expertises médico-légales, et en ont ainsi tracé les règles. Ce sont les articles 43 et 44.

Article 43 : « Le Procureur impérial se fera accompagner, au besoin, d'une ou de deux personnes présumées, par leur art ou leur profession, capables d'apprécier la nature et les circonstances du crime ou du délit ».

Article 44 : « S'il s'agit d'une mort violente ou d'une mort dont la cause soit inconnue et suspecte, le Procureur impérial se fera assister d'un ou deux officiers de santé, qui feront leur rapport sur la cause de la mort et sur l'état du cadavre. Les personnes appelées dans les cas du présent article et de l'article précédent, prêteront devant le Procureur impérial, serment de faire leur rapport et de donner avis en leur honneur et conscience. »

Les articles 268 et 269 investissent aussi le Président des Assises « d'un pouvoir discrétionnaire en vertu duquel il pourra prendre sur lui, tout ce qu'il croira utile pour découvrir la vérité ».

L'article 321 permet à l'accusé de citer à sa requête, les témoins qu'il aura indiqués, ce qui, dans une certaine mesure, permet d'entendre les déclarations des médecins.

Excepté dans l'article 43, où le rôle du médecin se borne à une simple constatation d'un fait matériel, nous n'avons pas de texte impératif obligatoire qui impose le recours à la science médicale. Si, en pratique on fait appel à ses lumières, en droit rien ne nous y oblige.

Sur le point qui nous occupe, le Code d'instruction criminelle n'était que le reflet des idées du temps.

Reconnaître à l'expert médecin le pouvoir de déclarer l'irresponsabilité d'un prévenu, souleva parmi les jurisconsultes, les plus vives récriminations. « Quand on ne pourra plus dire d'un homme, il est coupable, on dira : il est fou, et l'on verra Charenton remplacer la Bastille », s'écriait Dupin en 1826.

Elias Regnault, s'élevant contre les expertises médico-légales, déclarait que le bon sens suffisait parfaitement pour distinguer un fou d'un homme qui ne l'est pas.

En 1828, un arrêt de la Chambre des mises

en accusation déclare : « qu'une opinion de médecins, n'est que le résultat d'une science conjecturale. » Plus tard, le président Troplong manifestait la même répulsion : « La médecine légale affiche, depuis quelques temps, la prétention d'imposer ses oracles à la jurisprudence. Il faut avouer que ce que j'ai vu et entendu de certains médecins, dépasse toute croyance. Il n'y a pas un homme que l'on ne pourrait déclarer monomane en les écoutant. ... Et l'on voudrait que nous autres juges, qui tenons dans nos mains la liberté et la capacité civile des personnes, nous fissions dépendre de si frivoles symptômes, les grandes questions où sont engagées l'honneur des familles, la succession des biens et les droits les plus chers de l'homme ! Je pense que la médecine légale n'a ajouté aucun progrès sérieux aux doctrines reçues dans la jurisprudence, et qu'elle ne doit en rien les modifier. »

Aujourd'hui, les opinions de la jurisprudence et de la magistrature ont singulièrement varié. Les cris d'alarme jetés par le corps médical, sur la responsabilité de certains accusés, ont été entendus par les Tribunaux. On ne croit plus à l'infaillibilité de la justice, et toutes les fois qu'une affection mentale est présumée, le médecin expert intervient et joue même un rôle prépondérant.

Le juge d'instruction chargé par le Parquet d'élucider une affaire criminelle, s'aperçoit-il des troubles de l'esprit de l'accusé ?

Une anomalie des facultés intellectuelles est-elle prétendue par la défense, l'accusé lui-même, sa famille ? Le prétendu malade est examiné par un ou plusieurs médecins experts, et toutes les précautions sont prises pour vérifier s'il donne des signes d'aliénation mentale.

Il n'y a pas en France, de règlement de l'expertise légale ; le juge d'instruction peut confier l'examen médical à un médecin quelconque, voire même à un officier de santé. Théoriquement, il serait à souhaiter qu'un texte de loi vint régler cette question.

On pourrait proposer la création d'un corps de médecins-experts, après avis des Facultés de médecine ; des listes seraient établies, et, au cas d'une expertise médico-légale jugée nécessaire, les magistrats instructeurs seraient tenus de choisir un ou deux experts sur la liste officielle.

En fait, nous n'avons rien à désirer ; les médecins légistes nommés par les Tribunaux font tous autorité en cette difficile matière.

Le choix du médecin en Allemagne n'appartient pas au juge ; l'expertise légale est réglementée ; il existe une hiérarchie de médecins-experts : « Ceux du premier degré portant le titre de médecins-physiciens, sont attachés au Tribunal de première instance ; ils sont appelés à la constatation du corps du délit, et chargés de tous les rapports judiciaires. Leur travail, si le ministère public ou l'inculpé refusent de l'accepter, est soumis à un collège médical, institué dans chaque province. Enfin, si de nouvelles réclamations se produisent, une troisième juridiction, la scientifique députation qui siège dans la capitale de l'empire, est appelée à donner son avis. »

Cette idée d'un tribunal de super-arbitres a été hautement approuvée par M. Guillot, juge d'instruction : « il évite le spectacle de magistrats et d'avocats, aussi incompétents les uns que les autres, venant discuter devant les jurés, les problèmes les plus délicats de la médecine et de la toxicologie ».

Quelle que soit l'opinion que l'on ait sur l'expertise médicale, telle qu'elle est pratiquée en France, ou sur l'expertise réglementée de l'Allemagne, ces deux différents systèmes ont cependant ce trait commun : le pouvoir d'ordonner l'expertise appartient au seul juge d'instruction. Si, en Allemagne, le juge est tenu de choisir le médecin expert inscrit sur la liste officielle, aucune loi autre que celle de sa propre conscience, ne l'oblige à faire examiner l'état mental du prévenu.

Nous savons qu'il n'y a guère de dangers à craindre ; les magistrats sont les premiers à réclamer l'aide des médecins, toutes les fois qu'ils éprouvent quelque doute sur la responsabilité de l'accusé. Mais, croyons-nous, la loi gagnerait en perfection, si un texte venait formellement fixer les rapports de dépendance de l'instruction vis-à-vis de la science médicale.

Cette modification complémentaire nous paraît résulter de la loi portugaise du 3 avril 1896 sur l'expertise médicale des aliénés criminels, rapportée au *Bulletin de l'Union internationale de droit pénal*.. Volume 6, Livr. 3, pages 223 et 224.

Les articles 1 et suivants ordonnent l'expertise médicale des criminels aliénés ou supposés aliénés ; elle a lieu par ordre du juge *ex officio* ; le ministère public, les parents, les ascendants, les descendants, le conjoint peuvent la demander, lorsqu'ils présument que l'acte délictueux a été commis dans l'état de folie, lorsqu'ils prétendent l'expliquer de cette façon et y baser la défense de son auteur. Les articles 11 et 12 prescrivent aussi l'expertise dans ces deux cas : folie préexistante au délit, ou conséquence accidentelle de quelque maladie du système nerveux pouvant déterminer l'acte criminel ou influencer la culpabilité du prévenu.

Le projet de Stoos, et le projet de la Commission d'experts, obligent à l'expertise le juge informateur et même le fonctionnaire qui a constaté le fait délictueux.

Citons le texte très général de l'article 12 du projet modifié d'aprés la commission d'experts : « S'il y a doute sur l'état mental d'un inculpé, le fonctionnaire qui aura constaté le fait, soumettra cet inculpé à l'examen d'experts. Cette disposition est applicable aux sourds-muets et aux épileptiques. »

L'opportunité d'une semblable mesure législative nous paraît surtout convenir aux états incertains ; la liberté individuelle est en jeu ; il nous semble qu'un texte légal ordonnant l'expertise, protégerait mieux cette liberté, que le pouvoir arbitraire d'un juge d'instruction.

Quelle influence le rapport du médecin expert exerce-t-il sur la sentence du magistrat ? L'avis des experts ne lie et ne doit jamais lier le juge « Les juges, dit l'article 323 du Code de Procédure civile, ne sont point astreints à suivre l'avis des experts, si leur conviction s'y oppose. »

Dans le domaine des faits, les magistrats décident toujours d'après les conclusions des experts ; ils honorent la science de leur confiance et lui rendent hommage en acceptant entièrement sa décision : en principe, ils conservent leurs droits et peuvent juger tout contrairement au rapport médical. Le médecin doit en effet, rester sur le terrain pathologique ; « C'est là, dit le docteur Falret, le seul pour lequel il puisse apporter à la justice un contingent de lumières vraiment utiles et spéciales. »

Certains médecins émettent des prétentions plus grandes ; ils voudraient donner au rapport médico-légal l'autorité de la chose jugée.

Les docteurs Morel et Brouardel, ont mieux compris le rôle du médecin. « Le médecin, dit l'un, ne doit pas sortir de son rôle d'expert et se substituer au juge. » « Tout procès dit le second, a plus d'un côté qui n'est pas médical, et dans ce cas, les médecins légistes seraient bien incompétents. »

En Allemagne, les conclusions des médecins

légistes lient le juge sous les trois conditions suivantes : « Il faut d'abord que les lois scientifiques auxquelles l'expert rapporte son opinion, ne soient pas contestées ; en second lieu, que l'application de ces lois à l'espèce, soit rationnelle ; et enfin, que les déclarations de l'expert ne soient pas en contradiction avec les aveux ou les dires des témoins de l'accusé.

Avec de telles réserves, la question médico-légale, bien que fermée en apparence avant les débats, reste, à vrai dire, toujours ouverte » (1).

L'excuse légale et les circonstances atténuantes n'ont aucune influence sur la procédure d'instruction ; mais l'admission de l'un ou de l'autre système a d'énormes conséquences.

Tout, dans l'excuse légale, dépendra de la décision de l'homme de l'art. Des troubles cérébraux sont-ils reconnus? L'excuse légale ordonne au juge de n'appliquer que telle peine. C'est le médecin qui joue le rôle prédominant ; nous avons pleine confiance en son savoir et en son impartialité, nous n'admettons pas, ce-

____

(1) Labroquère.

pendant, que le juge, lui, soit à ce point sacri-
fié.

Dans les cas douteux, incertains, où le médecin hésite à se prononcer, n'y a-t-il pas lieu
de craindre qu'obéissant à un excès de pru-
dence ou de pitié, il ne fasse bénéficier de
l'excuse un malfaiteur redoutable ?

Disons le mot, le médecin est plus partisan
de l'irresponsabilité que le jurisconsulte et le
magistrat ; jamais il ne se montrera bien sévère, et, comme avec l'excuse légale, il sera l'arbitre souverain du jugement, il énervera la
pénalité.

Avec les circonstances atténuantes, nous laissons au juge toute sa liberté d'action ; nous
ne le désarmons pas en partie dans sa défense
de la société ; dans les cas nécessaires, nous
éclairons ses connaissances par la science médicale, en le laissant toujours seul appréciateur
du degré de responsabilité ; nous gardons à la
loi tout son effet d'intimidation ; nous appor-
tons, vis-à-vis du délinquant malade, les mêmes
garanties que l'excuse légale, et nous n'avons
pas ses dangers.

B. — JUGEMENT

Question à poser au Jury

Nous venons de déterminer l'influence de la responsabilité limitée sur la procédure d'instruction ; il en résulte, disons-nous, une expertise médico-légale, qu'elle soit jugée nécessaire par le magistrat, ou qu'elle soit imposée par la loi. Arrivons au jugement.

Nous allons examiner si la responsabilité atténuée exercera un effet sur la procédure de jugement.

Nous touchons à la célèbre controverse : la question d'aliénation doit-elle être posée au jury. Le choix de l'excuse légale ou des circonstances atténuantes n'offrait jusqu'ici, quant à la procédure . proprement dite, aucun intérêt.

La question d'aliénation à poser au jury donne immédiatement naissance à cet intérêt,

En effet, si en matière de demi-responsabilité, nous admettons l'excuse légale, la question doit être posée ; si au contraire, nous admettons les circonstances atténuantes, nous n'avons pas de question à poser ; en droit, le jury répondra suffisamment à la demi-responsabilité, en reconnaissant la culpabilité et en accordant ou en refusant des circonstances atténuantes.

Mais, la réclamation d'asiles destinés à recevoir les aliénés et les demi-aliénés criminels, nous fait comprendre toute la nécessité d'obliger le jury à motiver son acquittement.

L'excuse légale supprime toute difficulté et les points de droit et de fait sont d'accord.

Avec les circonstances atténuantes, sans poser la question, car on détruirait tout le système français, on pourrait, croyons-nous, demander au jury, non une déclaration vague de circonstances atténuantes, mais une déclaration fondée sur l'anormalité de l'individu. Le Jury déterminerait ainsi la circonstance atténuante, la motiverait, lorsqu'elle aurait pour base la demi-folie. Une objection a été présentée, applicable à l'excuse légale, comme aux circonstances atténuantes : l'incompétence du Jury.

De violents reproches ont été adressés à cette institution. L'école lombrosienne la traite de garde nationale dangereuse et ignorante, reste malencontreux des âges barbares, égaré dans nos lois, comme inséparable de la liberté politique.

M. Tarde la qualifie d'institution prudhommesque. Beaucoup, enfin, prétendent que le jury n'a ni les aptitudes, ni les connaissances spéciales qu'exige une pareille appréciation.

Il est souvent difficile aux médecins, après un long examen, de se prononcer ; ils objectent son ignorance, son indulgence, ses craintes de la répression ; ils redoutent l'influence des plaidoiries de l'avocat, des incidents d'audience ; le jury serait trop exposé à déclarer qu'il y a aliénation mentale.

Quelle serait aussi la situation du parquet convaincu de la plénitude des facultés intellectuelles de l'accusé, si, dans son verdict, le jury déclarait l'état d'irresponsabilité !... Complètement désarmé, le Parquet ne pourrait s'opposer à la mise en liberté. A ces objections, que nous reconnaissons fondées, on répond par l'argumentation suivante : Si le jury, directement, n'a pas à se prononcer sur la responsabilité de l'accusé, il ne s'en trouve pas moins saisi indirectement. La communication des rapports médicaux, l'attitude de l'accusé, l'incohérence de ses réponses ou de ses explications, les observations de l'avocat, ne sont pas sans suggérer aux jurés des réflexions sur la responsabilité.

Que l'irresponsabilité lui paraisse en partie fondée, le jury, alors, use de son droit; il répond négativement à la question de responsabilité, il acquitte purement et simplement, sans donner le motif de sa décision. Pourquoi, dans ces conditions, ne pas lui poser la question de responsabilité et lui reconnaître en droit ce qu'on ne peut pas lui empêcher d'accomplir en fait ? Il n'y a pas là augmentation de ses pouvoirs.

Le projet de révison du Code pénal français, préparé par la Commission extra-parlementaire, dans le deuxième paragraphe de l'article 55, a adopté ce système.

« L'état de démence fera l'objet d'une question spéciale posée au jury, soit d'office, soit sur la demande de l'accusé ». La législation de l'Angleterre, des États-Unis, de la Russie, de l'Italie, de l'Autriche, soumet au jury la question de démence de l'accusé au moment de l'action..

En Espagne, depuis une loi de 1882, sur la procédure criminelle, c'est au jury qu'est demandée la déclaration d'irresponsabilité : « attendu qu'il s'agit d'une question de fait que lui seul peut résoudre avec son indiscutable compétence, le pouvoir du Tribunal, de droit, se trouvant limité à l'application de la loi, en conformité de la réponse affirmative ou négative du jury. »

D'après une opinion générale, ce devrait être la Cour et non le jury qui apprécierait l'aliénation mentale de l'accusé ; la Cour se prononcerait avant ou après le verdict. M. le professeur Le Poittevin observe qu'il s'élève une contradiction avec nos institutions judiciaires.

Supposons que l'accusé réclame d'être jugé, prétextant un accident, une imprudence, un suicide, la légitime défense. La Cour, déclarant l'état de démence, empêche le jury de rendre son jugement. Supposons que la Cour, après délibération, ne croie pas à l'aliénation mentale ! Le procès suit son cours, l'avocat plaide l'irresponsabilité de son client et le jury rend un verdict de non-culpabilité.

Nouvelle contradiction entre les magistrats et les jurés. On pourrait lier le jury à la décision de la Cour, mais ce serait porter atteinte à son indépendance. Si, après le verdict de non-culpabilité, la Cour prononce l'internement en vertu de l'irresponsabilité, la contradiction peut avoir lieu en ce sens. Le jury a pu acquitter le prévenu, comme étranger au crime.

Les magistrats plus éclairés, plus scrupuleux, moins faciles à influencer que le jury, ne sont guère plus aptes que lui à juger cette question de responsabilité. Faut-il donc, en présence de ces critiques formulées à propos de la démence, et peut-être plus évidentes en matière de demi-responsabilité, supprimer le jury, créer des Tribunaux d'experts, réduire le rôle du juge à celui d'une machine, ou bien accepter la réforme proposée par l'école italienne, qui tendrait à faire des juges à la fois des psychologues, des médecins et des juristes ?

Nous n'irons pas jusque-là. Nous croyons que le jury renseigné par l'expertise, offrira toute garantie à la demi-folie, qu'il réponde à la question de l'excuse légale, ou qu'il mentionne cet état dans une circonstance atténuante déterminée.

En présence de la responsabilité limitée, une diminution de peine, avons-nous dit, sera obligatoire avec l'excuse légale vérifiée, facultative avec les circonstances atténuantes.

C'est en effet, aux jurés en matière de crimes, aux juges en matière de délits correctionnels, qu'appartient le pouvoir de déclarer l'existence des circonstances atténuantes ; même en cas de constatation d'une responsabilité incomplète, ils sont entièrement libres de les refuser. Leur pouvoir est discrétionnaire.

L'excuse légale n'est pas abandonnée, comme les circonstances atténuantes, à la conscience du juge et des jurés ; ceux-ci peuvent reconnaître ou non que l'état prévu par la loi existe ; une fois cet état reconnu, elle oblige à abaisser la peine.

L'application de l'excuse légale fait encore naître l'intérêt suivant : « Contrairement à une opinion générale, je crois, dit M. Garraud, que l'excuse, en substituant à la peine criminelle, dont l'infraction était punissable, une peine correctionnelle, a pour résultat de faire dégénérer le crime en délit ». L'excuse légale, d'après ce système, changerait la nature de l'infraction et transformerait le crime en délit. les circonstances atténuantes ne modifieraient que l'application de la peine.

Mais voici la différence la plus essentielle : Avec l'excuse légale, le juge atténuera d'abord la peine; en outre, car rien ne lui en empêche, il accordera, si bon lui semble, des circonstances atténuantes. De sorte qu'après avoir considérablement abaissé la peine de par la loi, il aura en plus la faculté de la faire descendre de un ou de deux degrés. Une peine insignifiante résultera de cette jonction des circonstances atténuantes à l'excuse légale, et vis-à-vis du dégénéré, de l'impulsif, la peine, tout en étant moindre, doit rester cependant intimidante.

Les circonstances atténuantes, au contraire, ne donnent qu'une seule atténuation ; le juge descend de un ou de deux degrés l'échelle des peines. L'abaissement d'un échelon est obligatoire, celui de deux échelons est facultatif.

La peine octroyée ne pourra pas dépasser un minimum.

Des Codes ont poussé plus loin l'idée du pouvoir d'appréciation du juge.

L'article 11 paragraphe 2, du projet de la Commission suisse porte : « le juge atténuera librement la peine. » Et, si on se reporte au paragraphe 2 de l'article 40 de ce projet de la Commission, on y lit : « Lorsqu'il atténuera librement la peine, le juge pourra mitiger sans limite, dans sa nature et dans sa mesure, la peine prévue par la loi ».

C'est l'idéal de l'individualisation ; aucun minimum, arbitraire complet du juge. Le système français, qui lie le juge dans une certaine mesure, n'atteint pas une individualisation aussi parfaite, et le système de l'excuse légale qui fixe *a priori* une diminution, sans s'occuper des faits eux-mêmes, ne l'atteint nullement.

Mais le demi-normal n'est pas un individu irresponsable ; il doit subir une peine autant que possible proportionnée à la criminalité effective.

Le projet de Stoos nous semble avoir violé cette nécessité d'infliger une peine ; ici le demi-normal est un malade, la peine est remplacée par le traitement : « La peine cesse, lorsque le délinquant est placé dans un asile ou soumis à un traitement psychiâtrique ».

Nous faisons observer que nous sommes dans la question de pénalité et non pas dans l'exécution de cette pénalité. On peut, certes, concevoir que la peine soit subie ailleurs qu'à la maison de détention, qu'à la prison ordinaire, c'est un tout autre point de vue.

C'est la nécessité de la peine que Stoos oublie, puisque l'hospitalisation ordinaire en tient lieu. Le projet parle de traitement psychiâtrique; si donc sa fortune le lui permet, le malade peut se faire soigner dans un asile privé et échapper ainsi à toute peine.

C'était, comme on l'a dit, une prime pour les gens riches. On comprendrait à la rigueur, que si le traitement était subi dans des asiles de l'État, la peine put cesser. La faculté de l'asile privé rend ce système inadmissible.

Cette objection n'est que toute spéciale à l'avant-projet suisse; mais disparaît-elle, il reste qu'un individu coupable, condamné, n'est condamné pour ainsi dire que pour la forme, et subit, comme un irresponsable, un traitement indéterminé quant à sa durée.

Nous ne voyons pas, dans le projet de Stoos, une combinaison de la peine et du traitement; la peine n'est qu'apparente, sans utilité.

Le Tribunal qui a prononcé la peine intervient bien pour la mise en liberté, mais il n'y a aucune durée minima de séjour dans l'asile, l'individu guéri peut être libéré.

Cette substitution de l'hospitalisation ordinaire à la peine, cette suppression de la peine, qui est en réalité le système de Stoos, suscita des craintes à la commission d'experts. MM. Forel, Von Speyr et Ville, professeurs, directeurs d'asiles à Zurich, à Berne, à Bâle, constatèrent, avec leur compétence d'aliénistes, qu'il ne serait pas rare de voir un aliéné dangereux sortir de l'asile au bout d'un temps très court.

Le fait suivant pouvait fréquemment se passer. Un délinquant à responsabilité limitée, condamné à plusieurs années de prison pour infraction grave, est admis dans un asile ou dans un hospice. Quelques mois après, il est guéri. Comme sa peine a cessé, il va jouir d'une liberté complète, et, coupable, bénéficier de l'immunité pénale. Quelques semaines, quelques mois d'hospitalisation, et c'est fini.

La conscience populaire eût protesté avec raison.

Aussi, le projet de Stoos a-t-il été sagement abandonné. A moins d'énerver la pénalité, la peine ne doit pas disparaitre devant l'hospitalisation. Ce système de l'hospitalisation remplaçant la peine convient à merveille dans l'école italienne, qui nie toute responsabilité, qui ne voit que des malades à traiter.

Tant que nous reconnaîtrons l'utilité d'une peine, cette dernière devra être diminuée, mais non disparaître, et, de préférence à la prison, nous emploierons l'hospitalisation pénale.

Faut-il fixer la durée de la peine, ou doit-on faire ici une application des sentences indéterminées sans maximum, ni minimum ? De même que Stoos ne fixait ni maximum ni minimum pour l'hospitalisation ordinaire, nous ne fixerions ni maximum, ni minimum pour notre hospitalisation pénale.

Nous ne nous dissimulons pas les critiques que soulève un pareil système ; il donne prise à toutes les objections élevées contre les sentences indéterminées. Théoriquement, les sentences indéterminées répondent à l'hypothèse de la responsabilité limitée ; la liberté individuelle est entièrement sauvegardée par l'intervention du juge qui prononce la libération.

En pratique, des difficultés se présentent.

A l'asile, on ne peut s'attacher qu'au critérium pathologique. L'individu maintenu à titre de traitement pénal, une fois guéri, doit être mis en liberté. L'asile n'est pas organisé pour qne l'on puisse vérifier si le condamné est redevenu assimilable à la société.

Et notre demi-responsable a montré une certaine criminalité ! Cette criminalité a-t-elle disparu moralement et socialement ? L'individu est-il susceptible d'être libéré ?

Telles sont les questions qui se posent. Sa guérison ne suffit donc pas.

Il faudrait doubler les asiles de *reformatories* sortes de lieu d'épreuve, semblables à celui d'Elmira, le délinquant y serait dirigé après sa guérison.

Un autre moyen acceptable, serait aussi de le mettre en libération conditionnelle.

La loi portugaise du 3 avril 1896, précitée, décide en effet que le juge, même en cas de guérison non complète, peut essayer la liberté provisoire, pourvu que quelqu'un vienne en aide au malade, le protège et s'engage à le faire reconduire à l'hôpital créé par la loi du 4 Juillet 1889, s'il manifeste des tendances nuisibles.

Ces réformes nouvelles répondent parfaitement à l'individualisation que nous proposons. Les objections budgétaires, pratiquement importantes, ne sauraient nous empêcher de soutenir théoriquement notre opinion possible et réalisable dans l'avenir.

Dans l'état actuel des choses, la peine est mesurée, fixée par le juge, avec un maximum et un minimum. Où se subira-t-elle ? La criminalité atténuée de l'individu n'aura-t-elle pas pour effet d'en faire changer le régime.

La subira-t-il en prison ? dans un asile spécial ? dans un asile d'aliénés ordinaires ?

La prison ne convient pas. Nous ne pouvons pas confondre le demi-responsable marqué du sceau pathologique avec les criminels vulgaires.

Quelques mois de séquestration pure et simple ne guériront pas sa maladie ; libre, il donnera libre cours à ses penchants.

Devons-nous envoyer les demi-responsables dans un asile d'aliénés proprement-dits ?

Nous leur reconnaissons du raisonnement, de l'intelligence ; leur responsabilité n'est pas complètement détruite ; ils ne sont pas des aliénés confirmés ; ils ne sont pas non plus des gens raisonnables, ils tiennent le milieu entre les deux.

M. Charles Morice, président de tribunal, raconte qu'un épileptique avait, dans un moment de crise, tiré un coup de fusil sur un de ses amis. Déclaré irresponsable, il fut mis dans un asile d'aliénés. L'accès épileptique passé, cet homme pleurait à chaudes larmes son crime et souffrait de vivre au milieu de déments.

C'est une combinaison d'hôpital et de prison que l'on demande; la discipline serait moins rigoureuse qu'à la maison de détention; les médecins aliénistes viendraient donner les soins que comporte l'état des malades, le travail serait obligatoire, tant pour occuper les prisonniers que pour diminuer leurs frais d'entretien. De nombreux criminalistes ont préconisé la création de ces établissements mixtes.

Le vœu en a été émis dans différents congrès pénitentiaires. Les asiles de Broadmoor, en Angleterre, de Perth, en Écosse, certains quartiers de la prison centrale de Gaillon, sont à peu près le désidératum de l'hôpital-cachot. Le juge condamnera donc les demi-responsables à tant de mois, tant d'années de prison, subis à l'asile jusqu'à la guérison et terminés ensuite à la prison.

Dans notre système des sentences indéterminées, absolues, nous conservons l'individu tant que, socialement ou moralement, il n'est pas susceptible d'être rendu à la liberté et guéri: dans le système français, logiquement, la peine finie, le demi-responsable doit être relâché.

Aussi, socialement, en est-on arrivé à dire qu'il faudrait continuer l'internement même après la peine, tant que la guérison ne serait pas assurée.

Au point de vue de l'utilité sociale, cette justification est valable. Mais la condamnation purgée, n'est-il pas arbitraire, en dehors du droit commun, de retenir un homme qui, s'il était en liberté, ne pourrait être interné? (Nous ne parlons pas d'individus dangereux). En fait, c'est l'utilité sociale, comme dans les sentences indéterminées, qui fixe la durée de l'internement à l'asile.

Certains auteurs, entre autres, M. le professeur Saleilles, ont proposé qu'il y eut un maximum de séjour, l'individu ne devant pas être gardé à vie.

Ce maximum serait la peine légale fixée pour le crime commis. Il y aurait ainsi une sentence indéterminée avec double limite, un minimum et un maximum sauf pour les impulsifs dangereux, dont l'internement pourrait être perpétuel.

Inspirée par le respect de la liberté, cette fixation d'un maximum nous semble sans intérêt.

Nous comprendrions ce maximum, si le demi-responsable, pendant tout le temps de son séjour à l'asile, subissait une peine ; mais puisqu'on a prononcé une pénalité, cette pénalité subie, nous sommes en présence d'un internement ordinaire, d'un traitement ordinaire, d'une hospitalisation simple.

Nous avons, à propos des sentences indéterminées, réclamé l'intervention du magistrat pour la libération du demi-criminel.

On sait qu'en France, la sortie des aliénés criminels relève uniquement de l'Administration.

Les garanties sont-elles suffisantes ? « Rien dans nos lois, dit le docteur Mottet, n'autorise le médecin à garder un homme qui ne présente pas immédiatement un danger pour la sécurité publique. C'est pour cela que nous réclamons si énergiquement l'intervention de la magistrature.

En Belgique, en Angleterre, le magistrat et le médecin concourent à l'internement et à la sortie du séquestré.

Le projet de loi italien, à l'article 30, fait intervenir le magistrat : « Les aliénés criminels seront retenus à l'asile, jusqu'à ce que le Tribunal ou la Cour, sur la proposition du directeur, l'avis du médecin traitant de l'établissement et, s'il y a lieu, l'avis d'autres médecins aliénistes, aura reconnu qu'ils peuvent être, sans danger, rendus à la liberté ».

La loi sénatoriale française a sagement imité les législations étrangères par cette disposition: « Lorsque la sortie de l'un des aliénés internés en vertu de l'article 57 est demandée, le médecin traitant doit déclarer si l'interné est ou ou non guéri, et en cas de guérison, s'il est ou non légitimement suspect de rechute. La demande et la déclaration susdites, accompagnées de l'avis motivé du médecin inspecteur, sont déférées de droit au Tribunal qui statue en chambre du Conseil. »

Ces mesures, spécialement réclamées pour les aliénés criminels acquittés, offriraient les mêmes avantages, si elles étaient étendues aux demi-responsables. Toute détention arbitraire serait évitée, et la Société plus efficacement protégée.

CONCLUSION

Notre conclusion sera brève.

La constatation d'une zône mitoyenne, d'états demi-normaux, nous a fait diminuer la pénalité. Entre les deux moyens pratiques qui se présentaient: circonstances atténuantes et excuse légale, nous avons choisi les circonstances atténuantes ; elles facilitent une juste répression à la jurisprudence, en lui permettant de suivre les progrès des sciences mentales. Nous demandons au jury de motiver la circonstance atténuante de demi-folie ; à la peine fixée, subie dans un asile-prison, nous préférons la sentence indéterminée et l'asile doublé d'un réformatorie. Le pouvoir répressif et préventif que nous donnons au juge rend parfaite l'individualisation de la peine, et la gradue suivant la criminalité latente et effective de l'agent.

Vu :
Le Président de la thèse,
Paul BEAUREGARD.

Vu :
Le Doyen,
GARSONNET.

Vu et permis d'imprimer :
Le Vice-Recteur de l'Académie de Paris
GRÉARD.

OUVRAGES CONSULTÉS

CHAUVEAU, HÉLIE et VILLEY. — Théorie du droit pénal.

ORTOLAN. — Éléments de droit pénal.

GARRAUD. — Traité de droit pénal.

LABORDE. — Cours de droit criminel (1898).

HAUS. — Principes généraux du droit pénal belge.

LE POITTEVIN. — Cours de législation pénale comparée, Faculté de Paris 1896-1897.

SALEILLES. — Cours de législation pénale comparée, Faculté de Paris 1897-1898.

VIDAL. — Principes fondamentaux de la pénalité dans les systèmes les plus modernes.

TARDE. — Philosophie pénale.
Une nouvelle école italienne : Le positivisme critique (Arch. d'anthropologie criminelle 1892, page 208 et suiv.)

BÉRARD. — La responsabilité morale et la loi pénale (arch. d'anthrop. criminelle 1892, pag. 153 et suiv.)

DUBUISSON. — De l'évolution des opinions en matière de responsabilité (Arch. d'anth. cri. 1887. pag. 101 et suiv.)
Théorie de la responsabilité, (Arch. d'anth. cri. 1888, pag. 32 et suiv.
Du principe délimitateur de la criminalité et de l'aliénation .(arch. d'anth. cri. 1892.) pag. 121 et suiv.

ALIMENA. — I Limiti e i modificatori dell'imputabilità, Tome II, page 35.

LOMBROSO. — L'homme criminel.

FERRI. — Sociologie criminelle.

GAROFALO. — Criminologie

HAMON. — La responsabilité. Arch. d'Antrop. Crim. 12me année N° 72. page 601 et suiv.

CUCHE. — De la possibilité pour l'école classique d'organiser la répression pénale en dehors du libre arbitre, Grenoble, 1897.

SUMIEN. — Essai sur la théorie de la responsabilité atténuée de certains criminels, Paris 1897.

MAUDSLEY. — Le Crime et la Folie, pag. 38 et suiv.

TARDIEU. — Étude sur la folie.

LEGRAND DU SAULLE. — Traité de médecine légale, page 790.

DOCTEUR FALRET. — Les aliénés et les asiles d'aliénés, pag. 148 et suiv.
Dictionnaire des sciences médicales art. Responsabilité.

DOCTEUR COUTAGNE. — La Folie au point de vue judiciaire et administratif.
(Leçons faites à la Faculté de Droit de Lyon, 1887-1888.

BERNHEIM. — 1er Congrès international de l'hypnotisme, Page 277.

CHARCOT. — Oeuvres complètes, Tome IX, p. 480.

Revue pénitentiaire. — 1878-1879-1881-1897.

Congrès de Lisbonne (1897). — Bull. de l'Union internationale de Dr. pén. Vol. 6, Liv. III et IV.

Cinquième congrès pénitentiaire, international, Paris 1895. (Publication du ministère de l'intérieur : Rapports de la 3me section.

Compte-rendu des séances des quatre sections.

La législation pénale comparée. (Sous la direction de von
   Liszt). Tome 1ᵉʳ Le droit Crim. des États Européens.
Avant-projet du Code pénal suisse de Stooss, 1893.
Avant-projet modifié d'après la Commission d'experts, 1896.

Nous devons spécialement signaler le très remarquable
cours de M. le professeur Saleilles, dont nous nous sommes
largement inspiré pour la confection de ce travail.

Certains auteurs allemands, von Liszt, entre autres, dans
Zeitschrift für die gesamte strafrechtswissenschaft, t. 17,
fasc. 1ᵉʳ, p. 77 à 81 (Berlin 1896) ont parlé de la responsabilité
partielle.
Notre ignorance de la langue allemande nous a empêché
d'exposer leurs théories,

TABLE DES MATIÈRES

CHATEAUROUX. — IMP. P. LANGLOIS ET Cⁱᵉ

9 782014 02171